verbraucherzentrale

Feuchtigkeit und Schimmelbildung

in Wohnräumen

Impressum

Herausgeber:
Verbraucherzentrale Bundesverband e. V.
Markgrafenstraße 66 · 10969 Berlin
Tel. (030) 258 00-0 · Fax (030) 258 00-218
info@vzbv.de, www.vzbv.de

Verbraucherzentrale Baden-Württemberg e. V.
Paulinenstraße 47 · 70178 Stuttgart
Tel. (07 11) 66 91-10 · Fax (07 11) 66 91-50
info@verbraucherzentrale-bawue.de,
www.verbraucherzentrale-bawue.de

Verbraucherzentrale Hamburg e. V.
Kirchenallee 22 · 20099 Hamburg
Tel. (040) 248 32-0 · Fax (040) 248 32-290
info@vzhh.de, www.vzhh.de

Verbraucherzentrale Hessen e. V.
Große Friedberger Straße 13–17 · 60313 Frankfurt/a. M.
Tel. (069) 97 20 10-0 · Fax (069) 97 20 10-50
vzh@verbraucher.de, www.verbraucher.de

Verbraucherzentrale Niedersachsen e. V.
Herrenstraße 14 · 30159 Hannover
Tel. (05 11) 911 96-01 · Fax (05 11) 911 96-10
info@vzniedersachsen.de, www.vzniedersachsen.de

Verbraucherzentrale Nordrhein-Westfalen e. V.
Mintropstraße 27 · 40215 Düsseldorf
Tel. (02 11) 38 09-0 · Fax (02 11) 38 09-172
vz.nrw@vz-nrw.de, www.vz-nrw.de

Text:	Dipl.-Ing. Jan Habermann, Dipl.-Ing. Joachim Winkler, R.A. Bernd Stöver
Graphiken:	Dipl.-Ing. Klaus Kiesewetter, agsta
Lektorat:	Ileana von Puttkamer
Layout/Satz:	da vinci design GmbH, Berlin
Titelfoto:	Umweltmykologie Dr. Dill & Dr. Trautmann GbR
Inhaltsfotos:	da vinci design GmbH, Berlin Jan Habermann, agsta
Druck:	H. Heenemann GmbH & Co., Berlin
Auflage:	

12. überarbeitete Auflage 2005, 15.000 Exemplare
ISBN: 3-936350-02-7

Inhalt

Vorwort

Schimmelpilz in der Wohnung. Das ärgert nicht nur Mieter und Vermieter. Schimmelpilze können zu Schäden am Mauerwerk führen, sich aber auch negativ auf das Raumklima auswirken oder die Gesundheit der Bewohner beeinträchtigen.

Viele Mieter und Vermieter fragen bei den Verbraucherzentralen nach, was zu tun ist. Darum legen wir diesen Ratgeber vor. Er soll kein Buch für Experten sein, aber Hintergrundinformationen liefern, um Feuchtigkeitsschäden zu vermeiden. Auf zahlreiche in der Praxis vorkommende Fragestellungen gibt es leider keine eindeutige Antwort, da die Ursachen für Feuchtigkeit und auch die aus ihr resultierenden Schäden allzu vielfältige Ausgangspunkte haben können.

Dieser Ratgeber soll deshalb auch zuerst das Verständnis für mögliche Ursachen entwickeln. Allerdings werden Betroffene nicht umhin können, zur endgültigen Klärung und Behebung eines Schadens Architekten, Ingenieure und Handwerker hinzuzuziehen. Der Ratgeber soll sie jedoch in die Lage versetzen, an der fachlichen Auseinandersetzung teilzuhaben und kluge, das heißt kritische Fragen zu stellen.

Darüber hinaus wird von einigen Verbraucherzentralen eine Schlichtungsmöglichkeit zur Klärung von Feuchteschäden oder eine Energieberatung vor Ort angeboten, um zum einen in Gesprächen die festgefahrenen Meinungen zwischen Mietern und Vermietern aufzulockern und in Zusammenarbeit mit Fachleuten über die Schadensursachen zu informieren. Zum anderen sollen die zum Teil sehr kostenaufwendigen Gerichtsverfahren zur Klärung der Ursachen reduziert werden. Zum dritten prüfen Energieberater bei Ihnen zu Hause, was bei Feuchteproblemen zu tun ist. Die Angebote der Verbraucherzentralen finden Sie unter den Adressen der Verbraucherzentralen: www.vzbv.de, und auf Seite 99 f. sind die Adressen der Verbraucherzentralen aufgelistet.

Ein spezielles Wohnberatungsangebot für diese und andere Wohnprobleme bieten die Verbraucherzentralen außerdem an. Fragen zu Feuchtigkeit und Schimmelbildung in Verbindung mit fehlender Wärmedämmung beantworten auch die Energieberater der Verbraucherberatungsstellen. Die Anschriften bekommen Sie bei Ihrer Verbraucherzentrale.

1

Feuchtigkeit in modernen Wohnungen

Um das Wichtigste vorwegzunehmen: Feuchte Wände, klamme Wohnungen und als Folge Schimmelbildung hat es schon immer gegeben. Das ist also nicht erst in der heutigen Zeit zu einem Problem geworden. Allerdings – so sagt es die Statistik – ist es in den letzten Jahrzehnten zunehmend zu Schimmelbildung in Wohnräumen gekommen. Es wäre jedoch falsch anzunehmen, dass man dagegen nichts tun könnte. Leider haben aber die Erkenntnisse aus den Fehlern der Vergangenheit und das heutige Wissen um die bauphysikalischen Zusammenhänge bisher nicht zu schimmelfreien Wohnungen geführt, obwohl dies in einer Vielzahl der Fälle schon längst möglich wäre.

Warum hat es früher weniger Feuchtigkeitsschäden gegeben?

Einige Beispiele sollen es verdeutlichen:

Die in früheren Jahrhunderten verwendeten Baustoffe wie Ton, Lehm, Kalkputz oder Holz haben hinsichtlich der Dampfdiffusion (Durchlässigkeit) und – noch wichtiger – des Wasserdampfaufnahmevermögens deutlich günstigere Eigenschaften als neuere Baumaterialien wie zum Beispiel Beton oder Polystyrol.

Die Wandoberflächen sind früher darüber hinaus mit Anstrichen wie zum Beispiel Kalk-, Kreide- oder Leimfarben versehen worden, welche ebenfalls feuchtigkeitsregulierend wirken. Heutzutage schränken hohe Kunststoffbeimengungen in den Dispersionsfarbanstrichen und Tapeten mit hohen Kunststoffanteilen diesen Effekt ein.

Bei den Fenstern hat eine Entwicklung stattgefunden, die gleich in mehrfacher Hinsicht die Feuchtigkeitsprobleme in den Wohnungen verschärft:

- An der Einfachverglasung stellen sich die eindeutig niedrigsten Temperaturen in der gesamten Außenwandfläche ein, wodurch der Raumluft über das „Beschlagen" der Fensterscheiben selbsttätig Feuchtigkeit entzogen wird. Außerdem signalisieren die beschlagenen Fensterscheiben dem Wohnungsnutzer, dass nun wieder einmal gelüftet werden soll. Das anfallende Tauwasser wird je nach Fensterkonstruktion in einer Rinne im Fensterbrett aufgefangen und entweder über ein Röhrchen nach außen abgeleitet oder in einigen Fällen sogar in Auffangbehältern („Wasserschubladen") gesammelt.

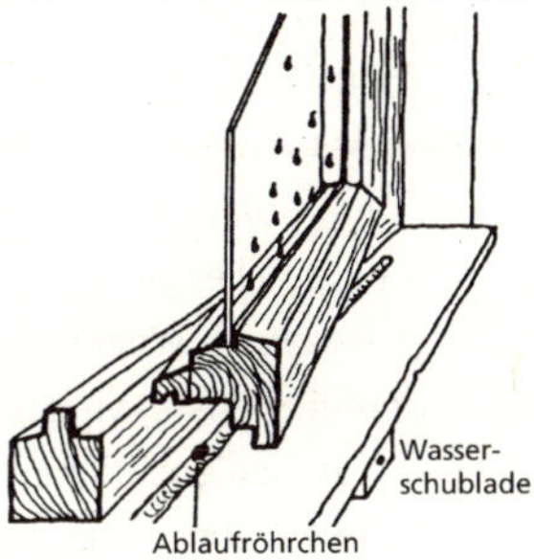

Abb. 1: Altes Holzfenster mit Einfachverglasung

Die heutigen Isolierverglasungen sind speziell bei sonst nicht wärmegedämmten Altbauten nicht mehr die kältesten Temperaturzonen, sondern die ungedämmten Außenwände: Bei erhöhter Luftfeuchtigkeit schlägt sich Kondenswasser nicht mehr auf der Scheibe nieder, sondern auf der kalten innenseitigen Wandoberfläche. Feuchte Wände über einen längeren Zeitraum bedeuten: Schimmelpilzgefahr!

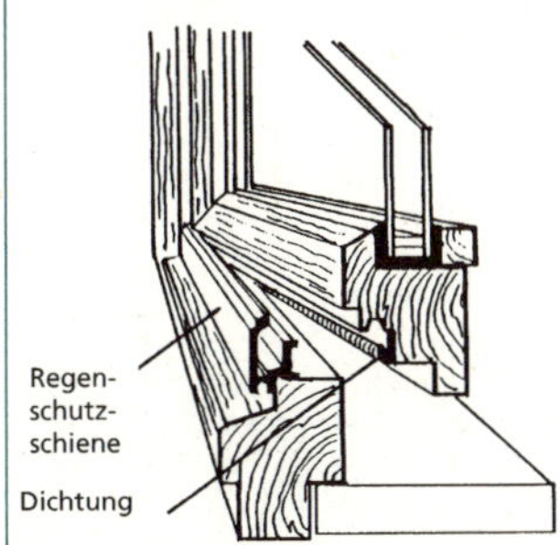

Abb. 2: Neues Holzfenster mit Isolierverglasung

- Die Fugen zwischen Rahmen und Flügel sind an alten Fenstern lange nicht so dicht ausgebildet wie bei den modernen Fenstern, so dass auch der unkontrollierte Luftaustausch bei geschlossenen Fenstern heutzutage nahezu vollständig unterbunden ist. Dies führt zu höherer Konzentration der Raumfeuchte, was Sie nur durch häufiges Lüften verhindern können.

- Alte Fensterkonstruktionen sind mehrflügelig (meistens zwei Schwenkflügel unten und ein Oberlicht, das manchmal auch noch zu öffnen ist), während bei den neuen Fenstern – hauptsächlich aus Kostengründen – die gesamte Mauerwerksöffnung von einem einzigen großen Fensterflügel ausgefüllt wird.

- Wo früher die meisten Fenster nach außen zu öffnen waren (das bedeutet lüften, ohne vorher die Fensterblumenbank abräumen zu müssen), schwenken die heutigen Fensterflügel weit in den Raum und lassen sich kippen. Wegen der einfachen Handhabung werden die Fenster vielfach zum Lüften gekippt. Doch das ist für die Feuchtigkeitsregulierung ungünstig und zudem während der Heizperiode energieverschwendend.

Abb. 3: Raum mit Einzelofen

Früher sind die Wohnungen überwiegend mit Holz- oder Kohleeinzelöfen beheizt worden, heutiger Heizungsstandard ist eine Zentral- oder Etagenheizung. Hier muss mit dem sich hartnäckig haltenden Gerücht aufgeräumt werden, dass Zentralheizung trockene Raumluft hervorruft, während Ofenheizung ein angenehmes und idealfeuchtes Raumklima erzeugt hat. Genau das Gegenteil ist richtig, da jeder Ofen für einen zusätzlichen Luftaustausch gesorgt hat (Abbildung 3). Die von ihm benötigten Verbrennungsluftmengen – durch den Schornstein abgeführt – bewirken ein Nachströmen von kühler und somit trockener Außenluft durch die Fensterfugen. Bei der zentralbeheizten Wohnung (Abbildung 4) tritt dieser Effekt nicht auf. Demzufolge führt dies auch zu einer höheren Konzentration an Raumfeuchte.

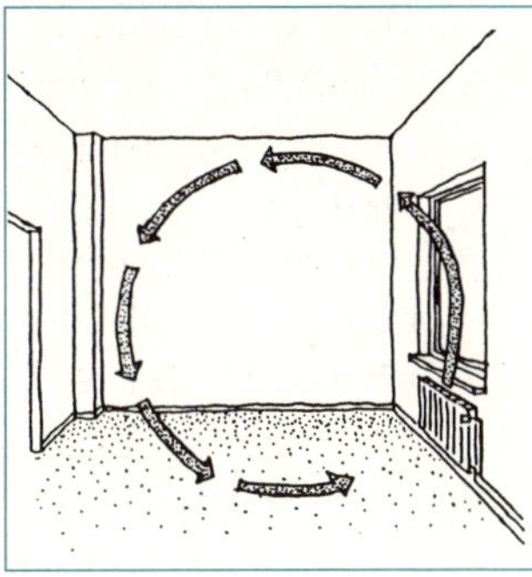

Abb. 4: Zentralbeheizter Raum

Wieso – mag man sich fragen – ist die Entwicklung überhaupt in diese Richtung verlaufen? Leider ist es so, dass vielfach zunächst nur positive Aspekte gesehen werden:

- Neuartige Baustoffe lassen sich besser, schneller, kostengünstiger verarbeiten.
- Neuartige Anstriche sind einfacher herzustellen, besser zu verarbeiten, und sie bieten eine größere Produktpalette.
- Neuartige Fenster haben bei größerer Lichtausbeute geringere Heizenergieverluste.

Dagegen werden das feuchtespezifische Verhalten und die Auswirkungen auf den Feuchtigkeitshaushalt in unseren Wohnungen nicht ausreichend berücksichtigt oder überhaupt nicht beachtet. Dies gilt zu guter Letzt gerade auch für die Entwicklung des Wohnstandards:

- Wo früher die Toilette außerhalb der Wohnung zu finden war,
- es in den meisten Fällen nur eine Wasserzapfstelle in der Küche gab,
- es kein Badezimmer gab (man ging in die öffentliche Badeanstalt, oder es gab den wöchentlichen „Badetag“),
- noch keine Waschmaschinen existierten und
- noch vor 60 Jahren der häusliche Wasserverbrauch nur ein Bruchteil des heutigen Wasserverbrauchs betrug,

da wurde verständlicherweise in den Wohnungen auch nur ein Bruchteil der heutigen Wasserdampfmengen freigesetzt.

All das zeigt, dass sich zwar der Wohnkomfort verbessert hat, dass aber die Wohnungen und somit auch die Wohnungsnutzer heutzutage mit einer gestiegenen Feuchtigkeitsbelastung fertig werden müssen.

Auf einen vereinfachten Nenner gebracht bedeutet dies, dass man früher in Bezug auf das Heiz- und Lüftungsverhalten wesentlich mehr „falsch machen“ durfte, bis es zu Schimmelerscheinungen innerhalb der Wohnung kam. Heute müssen wir vieles „richtig machen“, um Schimmel zu verhindern.

2

Ein bisschen Physik muss sein

Wasser und Wasserdampf

Wenn in diesem Ratgeber der Begriff Feuchtigkeit in allen möglichen Wortkombinationen (Luftfeuchte, relative Feuchte, Feuchteschäden) auftaucht, so versteckt sich dahinter nichts anderes als Wasser, das wir in gefrorener, flüssiger oder dampfförmiger, das heißt in Luft aufgelöster Form kennen. Gerade das in der Luft gelöste Wasser verursacht die Probleme, die hier behandelt werden. Diese Erscheinungsform des Wassers können wir nicht sehen, riechen und nur bedingt fühlen. Denn der Mensch vermag zum Beispiel Temperaturänderungen wesentlich feinfühliger wahrzunehmen als Änderungen der Luftfeuchtigkeit. Nur extreme Luftzustände (sehr geringe Feuchte = Wüstenklima oder sehr hohe Feuchte = Tropenklima) werden mit dem Wassergehalt in Verbindung gebracht. Im Normalfall enthält also die uns umgebende Luft eine gewisse Menge an Wasserdampf, der eigentlich erst sichtbar wird, wenn es im physikalischen Sinne keiner mehr ist. Die Dampfschwaden über dem Kochtopf sind feinste Wassertröpfchen, genauso wie Wolken oder Nebel flüssiges Wasser, und nur das können wir mit den Augen wahrnehmen.

Am Beispiel des Nebels soll veranschaulicht werden, dass nicht nur die Menge des Wassers ausschlaggebend dafür ist, ob sie sich vollständig in Luft auflöst oder nicht. Eine ebenso wichtige Einflussgröße ist die Temperatur. Nebel entsteht, indem sich Luftschichten bestimmter Temperatur abkühlen, weil sie zum Beispiel auf kältere Luftschichten treffen. Dieser Vorgang ist natürlich umkehrbar, denn Nebel löst sich auch wieder auf, wenn die Luftschichten durch die Sonne erwärmt werden.

Wenn hier also von Luftfeuchtigkeit die Rede ist, so müssen immer die zwei Größen – Temperatur und Wassermenge – zusammen betrachtet werden.

Je nach Temperatur hat die Luft die Fähigkeit, eine unterschiedlich große Menge an Wasser aufzunehmen, und zwar desto mehr, je wärmer sie ist. Oder anders ausgedrückt: Für jede beliebige Lufttemperatur existiert ein bestimmtes maximales Wasser-Aufnahmevermögen. Wie aus Tabelle 1 ersichtlich, können in einem Kubikmeter Luft bei 0 °C gerade fünf Gramm Wasser maximal gelöst sein, während bei 20 °C immerhin schon rund 17,5 Gramm aufgenommen werden.

Lufttemperatur	Wassergehalt in 1 Kubikmeter Luft (gerundete Werte) bei einer relativen Luftfeuchte von:			
	40 %	60 %	80 %	100 %
– 5 °C	1,2 g	1,8 g	2,4 g	3,0 g
0 °C	2,0 g	3,0 g	4,0 g	5,0 g
+ 5 °C	2,8 g	4,2 g	5,6 g	7,0 g
+ 10 °C	3,8 g	5,7 g	7,6 g	9,5 g
+ 15 °C	5,2 g	7,8 g	10,4 g	13,0 g
+ 20 °C	7,0 g	10,5 g	14,0 g	17,5 g

Tabelle 1

Wie feucht ist die Luft?

In der Praxis werden jedoch Luftzustände vorgefunden, in denen meist nicht die Maximalmenge des Wasserdampfs enthalten ist, sondern nur ein gewisser Prozentsatz davon. Diese relative Luftfeuchtigkeit ist ebenfalls stark temperaturabhängig. Sie steigt an, wenn die Temperatur sinkt, und sie reduziert sich, wenn die Luft erwärmt wird. Bezogen auf das vorangegangene Beispiel zu Tabelle 1 bedeutet dies:

Bei einer Temperatur von 0 °C sind in einem Kubikmeter Luft etwa fünf Gramm Wasser gelöst. Da dies das maximale Wasseraufnahmevermögen ist, beträgt die relative Luftfeuchtigkeit 100 Prozent (= Sättigungszustand).

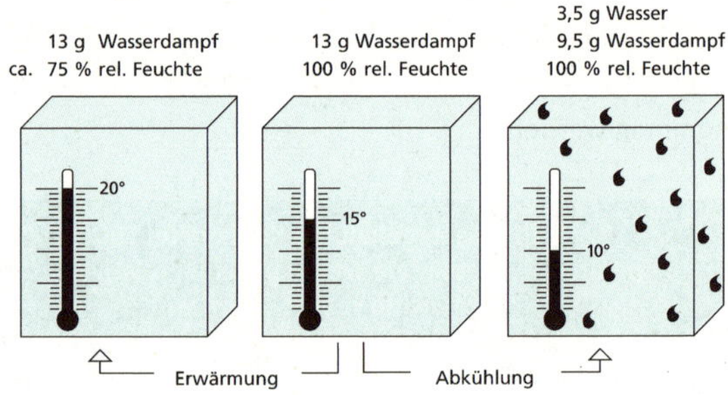

Abb. 5: Veränderung der Luftfeuchtigkeit bei Temperaturveränderung

Was passiert bei Temperaturänderung?

Wird nun diese Luft (ohne Veränderung des Wassergehalts) auf 20 °C erwärmt, so beträgt die relative Feuchte nur noch knapp 30 Prozent, da ja bis zur erneuten Sättigung weitere 12,5 Gramm Wasser (Differenz 17,5 Gramm bei 20 °C zu fünf Gramm bei 0 °C – siehe Tabelle 1) aufgenommen werden könnten.

Bei der Abkühlung der Luft steigt die relative Feuchte bis zu einem Maximalwert von 100 Prozent an. Hier ist dann die Sättigung an Wasserdampf erreicht. Die dazugehörige Temperatur nennt man Taupunkttemperatur. Wenn sich die

Taupunkttemperatur

Luft noch weiter abkühlt, kann sie die gesamte Wassermenge nicht mehr an sich binden, und es bildet sich Tauwasser (auch Kondensat genannt), das heißt eine gewisse Wassermenge tritt vom dampfförmigen in den flüssigen Zustand über.

Wenn Sie beispielsweise ein Glas mit gerade aus dem Kühlschrank genommenen Mineralwasser füllen, kühlt an der Oberfläche die umgebende Luft ab. Auf dem Glas bildet sich Tauwasser. Draußen in der Natur ist dies ein normaler Vorgang.

Innerhalb der Wohnung sollten Sie eine solche Tauwasserbildung nach Möglichkeit vermeiden, da die betroffenen Stellen durchfeuchten und sich Schimmelpilzkulturen ausbreiten können, die unter Umständen auch Baustoffe zerstören.

Es ist also festzuhalten, dass sich die relative Feuchte bei Abkühlung der Luft erhöht; beim Erreichen der Sättigungsfeuchte und weiterer Temperaturabnahme kondensiert eine bestimmte Feuchtigkeitsmenge, und es bildet sich Tauwasser. Umgekehrt bringt Nieselwetter (100 Prozent) bei etwa 0 °C in die Wohnung gelüftet, bei Erwärmung auf 20 °C eine relative Feuchte von unter 40 Prozent = trocken.

RAL

3
Wichtig sind die Bauteile

In der Wohnung findet eine Luftabkühlung an Wandoberflächen, Fenstern und auch Einrichtungsgegenständen immer nur dann statt, wenn die Temperatur dieser Oberflächen kühler ist als die Raumluft.

Kondensatfeuchte

Die daraus folgende Bildung von Kondensatfeuchte in Wohnräumen tritt verstärkt in den kühleren Jahreszeiten auf: Je niedriger die Außentemperaturen sind, desto stärker fließt Wärme durch Außenwände und Fenster ab, und wir müssen durch Heizen diesen Wärmeverlust ausgleichen, um angenehme Raumtemperaturen zu erreichen.

Nun ist der Wärmefluss durch die Außenhülle unserer Gebäude keine feste Größe, er ist von mehreren Faktoren abhängig:

Temperaturdifferenz
Selbstverständlich spielt die Temperatur eine wesentliche Rolle, richtiger gesagt die Temperaturdifferenz zwischen Raumluft und Außenluft. Je größer der Unterschied dieser zwei Temperaturen, desto größer auch der Wärmefluss durch das Bauteil.

Wärmeübergang
Es ist festzustellen, dass die Wandoberfläche auf der Raumseite im Winter eine geringere Temperatur aufweist als die Raumluft. Dieses Phänomen wird durch den so genannten Wärmeübergangswiderstand hervorgerufen. Beim Wärmeübergang zwischen der Luft und der Wand wird eine Temperaturreduzierung hervorgerufen, die umso größer ist, je geringer die Luftbewegung an dieser Grenzschicht ist. Daraus erklärt sich die Tatsache, dass in Raumecken oder hinter Möbeln die Wandoberflächentemperaturen niedriger liegen als an freien (= besser belüfteten) Wandflächen.

An der Grenzschicht zwischen Wand und Außenluft findet der gleiche Vorgang statt, wobei dieser Wärmeübergangswiderstand wegen der stärkeren Luftbewegungen (Wind!) deutlich kleiner ist als im Innenbereich.

Wärmeleitfähigkeit
Jeder Baustoff besitzt eine bestimmte Wärmeleitfähigkeit. Metalle haben eine extrem hohe Wärmeleitfähigkeit und damit sind sehr hohe Wärmeverluste verbunden. In abnehmender Reihenfolge kommen dann Natursteine (Marmor, Granit, Basalt oder Sandstein), Beton (Stahlbeton, Normalbeton, Leichtbeton), Glas, Ziegel (Vollziegel, Lochziegel oder Leichthochlochziegel), Porenbeton, alle anderen extraleichten Mauerwerksstoffe sowie Holz.

Die geringsten Wärmeleitfähigkeiten weisen die verschiedenen Wärmedämmstoffe (Zellulosedämmstoffe, Holzwolleleichtbauplatten, Kerndämmstoffe, Mineralfaserdämmstoffe oder Schaumkunststoffe) auf.

Materialdicke
Weiterhin hat auch die Dicke des Mauerwerks oder des gesamten Wandaufbaus (zum Beispiel bestehend aus Innenputz, Ziegelmauerwerk, Wärmedämmstoff, Außenputz) einen wesentlichen Einfluss auf den Wärmeverlust.

Unter Zugrundelegung gleicher Baumaterialien ist der Wärmeabfluss durch eine 24 cm dicke Wand selbstverständlich größer als durch eine 36 cm dicke Wand.

Wärmedurchgang
Jedes Bauteil besitzt je nach Dicke und verwendetem Material einen bestimmten Wert des Wärmedurchgangs, der Wärmedurchgangskoeffizient oder u-Wert (früher k-Wert) genannt und mit $W/(m^2K)$ (Watt pro Quadratmeter und

Kelvin) definiert wird. Je kleiner der u-Wert, desto besser ist die Wärmedämmung.

In Abbildung 6 ist dargestellt, wie sich für fünf unterschiedliche Wandaufbauten und für drei verschiedene Verglasungen die u-Werte darstellen. Es wird hierbei deutlich, dass sich bei einer zusätzlich angebrachten Wärmedämmung (hier nur vier Zentimeter Mineralfaserdämmstoff) wesentlich bessere, das heißt niedrigere Werte des Wärmedurchgangs ergeben als bei dem 49 Zentimeter dicken Vollziegelmauerwerk.

Weiterhin ist zu erkennen, dass die Fenster einen deutlich größeren Wärmedurchgang aufweisen als das Mauerwerk. Der Bezug zwischen u-Wert und Tauwasserbildung lässt sich nun darüber herstellen, dass die Oberflächentemperatur auf der Raumseite wegen des Wärmeübergangs umso niedrigere Werte annimmt, je schlechter (= größer) der u-Wert ist.

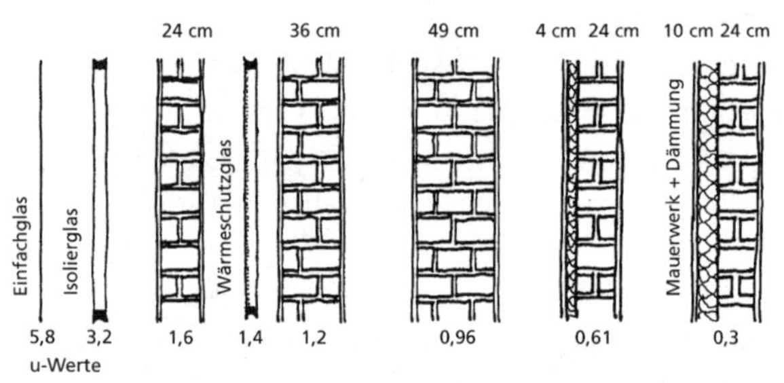

Abb. 6: u-Werte von Wandaufbauten und Verglasungen

u-Wert bezeichnet die Wärmemenge in Watt, die in einer Stunde durch den Quadratmeter eine Bauteils verloren geht, wenn die Temperaturdifferenz zwischen innen und außen ein Kelvin Grad Celsius beträgt.

Wärmebrücke
Werden in einer Außenwand teilweise Materialien mit höherer Wärmeleitfähigkeit (zum Beispiel Betonsturz über einem Fenster) verwendet, die nicht zusätzlich wärmegedämmt sind, so fließt die Wärme hierüber schneller ab als an der übrigen Wand. Man spricht hier von einer Wärmebrücke. (Umgangssprachlich und fälschlicherweise wird dafür auch der Begriff „Kältebrücke" verwendet.)

Besitzt ein Raum zwei Außenwände, so treten in dieser Außenwandecke ebenfalls wesentlich niedrigere Oberflächentemperaturen auf als an der übrigen Wandfläche. Man spricht hier von einer so genannten geometrischen Wärmebrücke.

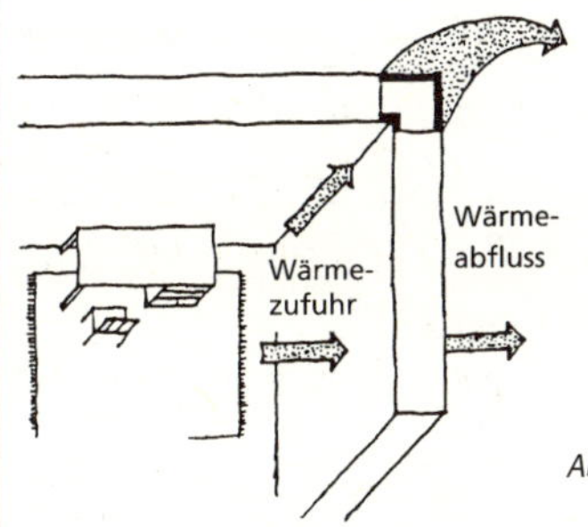

Abb. 7: Außenwandecke

Die Abbildung 7 macht deutlich, warum bei einer Außenwandecke ein regelrechter Kühlrippeneffekt vorliegt: Während auf der Raumseite nur eine relativ kleine Fläche Wärme aufnehmen kann, ist auf der Außenseite eine wesentlich größere Fläche zur Wärmeabfuhr vorhanden, die demzufolge für die deutlich niedrigeren Wandtemperaturen in der Ecke verantwortlich ist. Tabelle 3 (siehe Seite 30) zeigt die inneren Wandoberflächen-Temperaturen bei 20 °C Raumtemperatur und –10 °C Außentemperatur:

Nach der bis Ende 1994 geltenden Wärmeschutzverordnung (Bauteilverfahren) hatte noch beispielsweise die in Abbildung 6 dargestellte und in Tabelle 3 (siehe Seite 30) aufgeführte 24 cm dicke Wand mit vier Zenitmeter Wärmedämmung knapp den seinerzeit erforderlichen u-Wert erreicht. Nach der nun geltenden Energiesparverordnung muss die Wärmedämmung je nach Dämmstoff allerdings fast dreimal so dick sein (Wand: 24 cm, Dämmung: > 10 cm), um die Mindestanforderungen an Außenwände zu erfüllen. Die verschiedenen neuen Standards sind in Tabelle 2 aufgeführt.

	Ausführung nach EnEV 2002		Bewährte Ausführung		Passivhaustaugliche Ausführung	
	u-Wert W/(m²K)	Stärke cm	u-Wert W/(m²K)	Stärke cm	u-Wert W/(m²K)	Stärke cm
Dachschräge	0,3	12 – 14	0,25	18 – 20	0,15 bis 0,11	30 – 40
Dachboden	0,3	10 – 12	0,2	18 – 20	0,15 bis 0,11	30 – 40
Flachdach	0,25	14 – 16	0,2	18 – 20	0,15 bis 0,11	30 – 40
Außenwand (Außendämmung)	0,35	8 – 10	0,3	10 – 12	0,18 bis 0,12	20 – 30
Außenwand (Innendämmung)	0,45	5 – 6	0,45	5 – 6	- - -	- - -
Kellerdecke	0,4	6 – 8	0,35	8 – 10	0,35 bis 0,2	10 – 20
Fenster Inklusive Rahmen	1,7	- - -	1,5 Glasabstandhalter aus Kunststoff oder Edelstahl		0,8 Glasabstandhalter aus Kunststoff oder Edelstahl	

Tabelle 2: Bauteildämmung: Vergleich unterschiedlicher Standards

Außenwand und Fenster müssen übereinstimmen

Wie schon im vorangegangenen Kapitel erwähnt, wurden an bestehenden Gebäuden (zum großen Teil auch wegen der Zuschüsse aus öffentlichen Mitteln) Fenstererneuerungen durchgeführt, die zwar energietechnisch betrachtet eine erhebliche Reduzierung der Wärmeverluste bewirkten, jedoch in feuchteregulierender Hinsicht keine Verbesserung, sondern eher das Gegenteil davon erzielten. Der Grund wird klar, wenn man die Außenwand als eine aus Mauerwerk und Fenster bestehende Einheit betrachtet. Der u-Wert eines einfach verglasten Fensters beträgt (nur für den Glasanteil) 5,8 W/(m²K) (Watt pro Quadratmeter und Kelvin). Die raumseitige Oberflächentemperatur der Glasscheibe beträgt –2,6 °C bei einer wie schon für die Wände angenommenen Raumtemperatur von 20 °C und einer Außentemperatur von –10 °C. Für eine Isolierglasscheibe mit einem u-Wert von 3,2 W/(m²K) beträgt die Oberflächentemperatur schon 7,5 °C. Beim Wärmeschutzglas sind es sogar 15,3 °C! Während nun an der einfachen Glasscheibe die deutlich niedrigeren Oberflächentemperaturen dafür sorgten, dass sich selbst bei unproblematischen Werten der relativen Raumfeuchte (50 Prozent) schon erhebliche Tauwassermengen bildeten, die die Raumluft permanent entfeuchteten, stellen die modernen isolierverglasten Fenster nicht mehr die kälteste Stelle in den Außenwänden eines älteren Gebäudes dar. Aus Tabelle 3 ist zu ersehen, dass die Temperatur in der Außenwandecke einer 24 cm dicken Wand mit 6,2 °C niedriger liegt als die Oberflächentemperatur des Isolierglases mit 7,5 °C (siehe Seite 96).

	Außenwand	Außenwandecke
Wand 24 cm	13,8 °C	6,2 °C
Wand 36 cm	15,3 °C	8,9 °C
Wand 49 cm	16,3 °C	10,7 °C
Wand 24 cm + 4 cm Dämmung	17,6 °C	13,7 °C
Wand 24 cm + 10 cm Dämmung	18,2 °C	15,3 °C

Tabelle 3: Temperaturen der innenseitigen Außenwandoberflächen bei +20°C Raumtemperatur und –10°C Außentemperatur

Demzufolge beginnt in einer solchen Ecke bereits die Kondensation von Raumfeuchte, noch bevor dies an der Fensterscheibe eintreten kann. Tauwasserbildung auf Wandoberflächen ist aber problematischer als auf einer Fensterscheibe, da hier die Nässe einfach entfernt werden kann. Auf dem feuchten Untergrund der Tapete entsteht dagegen ein idealer Nährboden für Schimmelpilzkulturen.

Es bildet sich auch mehr Tauwasser, wenn die Raumlufttemperatur sinkt (etwa wenn Sie die Heizung über den ganzen Tag abgestellt lassen). Denn bei der in den meisten Fällen vorherrschenden Massivbauweise älterer Gebäude erwärmen sich die Außenwände bei Wärmezufuhr nur relativ langsam. Somit liegen die Wandoberflächentemperaturen noch niedriger als im Rechenbeispiel oben. Nun ist die Kondensation von Luftfeuchte an der Wandoberfläche nicht das einzige zu beobachtende Phänomen, son-

Abb. 8: Tauwasserbildung auf Fensterscheiben in Einfachverglasung

dern es kann in bestimmten Fällen auch eine Tauwasserbildung im Inneren des Wandquerschnittes auftreten.

Tipp: *Seit 2002 gilt nach der neuen DIN 4108 für Neubauten und damit auch für gründlich sanierte Altbauten, dass die Oberflächentemperatur an keiner Stelle im Gebäude bauteilbedingt unter 12,6 °C sinken darf (bei 20 °C Raumtemperatur).*

Feuchtewanderung beachten

Wenn ein kleiner Teil des in der Luft enthaltenen Wasserdampfes durch das Mauerwerk hindurchwandern kann, spricht man von Dampfdiffusion.

Das Bestreben des Wasserdampfes, die Außenwand zu durchdringen, ist umso stärker, je größer der Unterschied der Wasserdampfkonzentrationen auf beiden Seiten des Bauteils ist. Die Bewegungsrichtung des Wasserdampfes verläuft während der kalten Jahreszeit von innen nach außen, also von der feuchteren (weil wärmeren) zur trockeneren (weil kälteren) Seite. Außerdem ist die Dampfdiffusion materialabhängig, das heißt die verschiedenen Baustoffe weisen sehr unterschiedliche Dampfdiffusionswiderstände auf.

Allgemein gilt der Grundsatz, dass bei jedem Wandaufbau die Diffusionswiderstände der verwendeten Materialien von innen nach

Abb. 9: Tauwasserbildung in einer Außenwandecke nach Isolierverglasung

außen abnehmen sollten. Wird diese Regel nicht eingehalten, muss der Architekt mit einer Nachweisrechnung (DIN 4108, Teil 5) die feuchtigkeitstechnische Unbedenklichkeit erbringen.

Behinderung von Diffusion

Bei einem dampfdichten Fassadenanstrich oder bei Fliesen kann die Diffusion behindert werden und sich Tauwasser in der Wand bilden. Das während der kalten Jahreszeit angefallene Tauwasser im Innern des Wandaufbaus ist selten bausubstanzschädigend, da die Wassermenge relativ gering ist und darüber hinaus während der Sommermonate auch wieder eine Austrocknung erfolgen kann. Jedoch muss festgestellt werden: Je stärker der betroffene Wandaufbau durchfeuchtet ist, umso schlechter wird auch der u-Wert, denn nasse Baustoffe leiten Wärme besser als trockene. Die Gefahr, dass sich Oberflächenkondensat bildet, ist demnach bei trockenen Wänden geringer als bei (teilweise) durchfeuchteten, da die Wärmedämmfunktion der Wand zum Teil herabgesetzt sein kann.

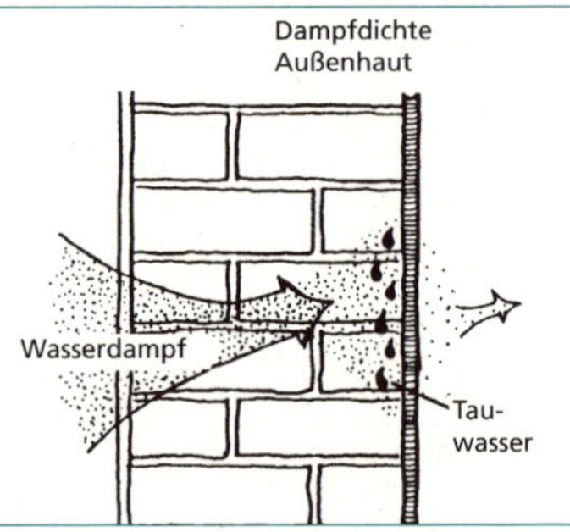

Abb. 10: Dampfdiffusion

Feuchtigkeitsaufnahme durch die Bauteile wichtig

Feuchtigkeitsaufnahmevermögen

Die verschiedenen Materialien besitzen neben ihrer Eigenschaft, Wasserdampf unterschiedlich stark hindurchzulassen, auch die Fähigkeit, in Abhängigkeit von der Luftfeuchte verschiedene Feuchtigkeitsmengen aufzunehmen. Wichtig ist hierbei unter anderem, dass in diesen Materialien Hohlräume und Poren sind. Zum Beispiel haben Glas oder Metall kein Feuchtigkeitsaufnahmevermögen, Baustoffe wie Holz, Gips, Ziegel und auch Beton besitzen dagegen diese Möglichkeit. Dieser Materialfeuchtigkeitsgehalt hängt nun von der relativen Feuchte der Umgebungsluft ab: Bei hoher relativer Feuchte der Luft ist auch eine höhere Materialfeuchte (auch „Ausgleichsfeuchte" genannt) vorhanden als bei niedriger relativer Luftfeuchte. Ändert sich die Luftfeuchte, so verändert sich mit einer gewissen Zeitverzögerung auch die Materialfeuchte.

Aus Abbildung 11 ist zu ersehen, wie sich die Feuchtigkeitsaufnahme verschiedener Materialien während einer Zeitdauer von zwei Stunden verhält, wenn die relative Luftfeuchtigkeit von 40 auf 80 Prozent erhöht wird. Interessant ist hierbei die Tatsache, dass bestimmte Materialien wesentlich mehr Wasserdampf aufnehmen können als die Luft. Im Vergleich zu den Beispielen in Abbildung 11 liegt die Wasserdampfaufnahmefähigkeit der Luft (20 °C) bei etwa sieben Gramm Wasser pro Kubikmeter (siehe Tabelle 1 auf Seite 19).

Feuchtigkeitsaufnahme vermeiden

Beispielhaft soll ein Raum mit 20 Quadratmetern Grundfläche und 2,5 Metern Höhe betrachtet werden, in dem sich die relative Luftfeuchtigkeit durch Kochen von 40 auf 80 Prozent erhöht hat. Der Teppichboden aus Naturfasern hat nach einer halben Stunde pro Quadratmeter

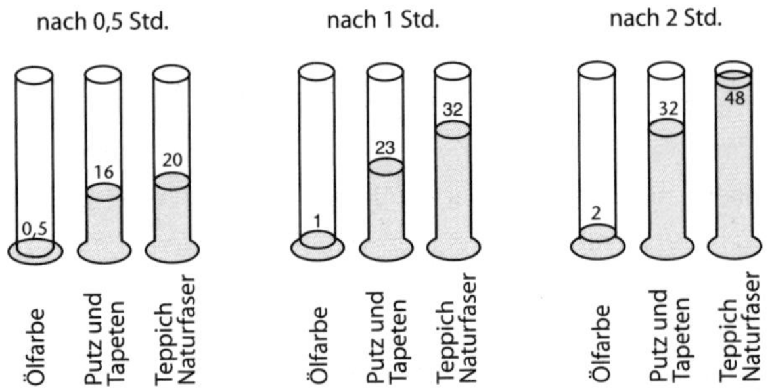

Abb. 11: Feuchtigkeitsaufnahme aus der Luft in g/m² und Zeit

20 Gramm Wasser, das heißt für die gesamte Fläche 400 Gramm Wasser aufgenommen, während das gesamte Luftvolumen (50 Kubikmeter) nur 350 Gramm Wasser aufnehmen konnte.

Aber auch die Wände und die Decke können weitere erhebliche Wassermengen kurzfristig speichern, sofern sie ein günstiges Feuchtigkeitsaufnahmevermögen aufweisen. Natürlich können die Materialien keine Feuchtigkeit mehr aufnehmen, wenn die Speicherfähigkeit erschöpft ist. Um den feuchteregulierenden Effekt der verschiedenen Materialien wiederholt in Anspruch nehmen zu können, muss diese gepufferte Feuchtigkeit jedes Mal wieder durch Lüften abtransportiert werden.

Dennoch ist Folgendes festzustellen: In Räumen mit wasserdampfaufnahmefähigen Materialien steigt bei Feuchteproduktion die relative Feuchte langsamer an als in Räumen, in denen dampfdichte Materialien vorherrschen.

Feuchtigkeit in der Wohnung

Bevor nun die Vorgänge beim Lüften und die verschiedenen Lüftungstechniken näher betrachtet werden, soll zuerst nachstehende Tabelle Aufschluss darüber geben, woher die Feuchtigkeit kommt und wie viel davon in die Wohnungsluft abgegeben wird:

Wie aus dieser Aufstellung zu ersehen ist, können in einem Vier-Personen-Haushalt während eines Tages durchaus zehn Liter Wasser an die Raumluft abgegeben werden. Nachts verdunstet ein Mensch bis zu einen Liter Feuchtigkeit, zwei Menschen geben also pro Monat etwa 60 Liter Wasser ab, den Inhalt einer Badewanne. Damit diese erheblichen Feuchtigkeitsmengen innerhalb der Wohnung keinen Schaden anrichten, indem sie sich in Form von Tauwasser an den Wänden niederschlagen, müssen sie weggelüftet werden.

	Feuchtigkeitsabgabe
Mensch über Atmung/Schwitzen	1,0 Liter
Duschen/Baden	0,7 Liter
Waschen/Wäsche trocknen	0,5 Liter
Kochen	0,3 Liter
Pflanzen	0,5 Liter
Wassereintrag pro Person und Tag	**3,0 Liter**
Das bedeutet **bei 4 Personen:**	**12,0 Liter**

Tabelle 4: Täglich anfallende Feuchtigkeit in der Wohnung

4
Viel lüften und angemessen heizen

Aus dem im vorhergehenden Abschnitt genannten Beispielraum (50 Kubikmeter) können je nach Temperatur und Feuchtegehalt der Außenluft zwischen 1/4 und 1/2 Liter Wasser pro Lüftungsvorgang abtransportiert werden.

Abb. 12: Kochen

Abb. 13: Duschen

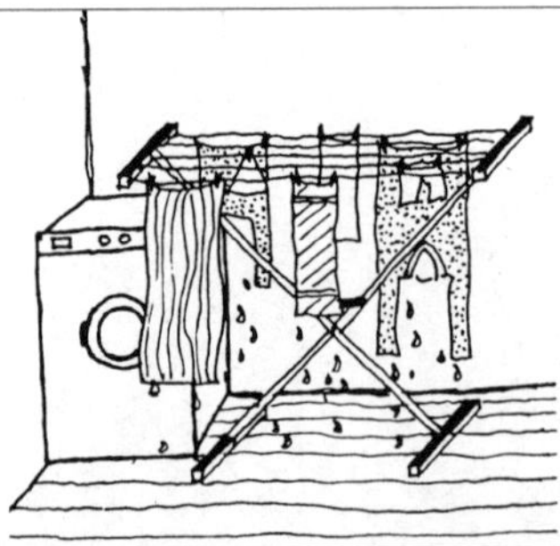

Abb. 14: Wäsche trocknen

Wird in einem Raum eine größere Feuchtigkeitsmenge freigesetzt, sollten Sie beispielsweise beim Kochen, schon während der Wasserdampf entsteht, lüften. Auch nach dem Duschen sollten Sie Spritzwasser mit einem Lappen aufnehmen. Da ja die Umschließungsflächen des Raumes und die Einrichtungsgegenstände Feuchtigkeit aufnehmen können, muss nach dem erstmaligen Lüften die Raumluft wieder erwärmt werden. Denn nur so kann die erhöhte Materialfeuchtigkeit wieder an die Luft zurückgegeben werden. Nach einer gewissen Zeit (eine halbe bis eine Stunde) wird es in den meisten Fällen erforderlich sein, nochmals zu lüften, um wieder normale Feuchtigkeitswerte im Raum zu erreichen.

Lüften zum Abtransport von Feuchtigkeit bedeutet demnach einen Austausch der warmen und feuchten Raumluft gegen kühlere und trockenere Außenluft. Ein solcher Luftaustausch sollte schnell vonstatten gehen, damit möglichst wenig Wärmeenergie verloren geht. Erreicht werden soll ja nur eine Feuchtigkeitsreduzierung, wohingegen die Wände und Einrichtungsgegenstände nicht durch langes Einwirken von Außenluft auskühlen sollten.

Abb. 15: Zimmerpflanzen

Übrigens: *Beim Keller gilt eine besondere Lüftungsregel: Der Effekt kehrt sich nämlich um. Im Sommer darf die warme Luft von draußen möglichst nicht in großen Mengen in den kalten Keller gelangen, da an den kalten Oberflächen die hereinströmende warme Luft auskühlt und sich Kondenswasser bilden kann.*

In Tabelle 5 sind die verschiedenen Arten der Fensterlüftung und die dazugehörigen Luftwechsel-Zeiten aufgeführt. Sie sehen, dass mit ganz geöffnetem Fenster (am besten noch mit „Durchzug“) ein völliger Luftaustausch schon nach etwa drei Minuten erreicht werden kann, während bei der „Kipplüftung“ bei geschlossener Zimmertür der gleiche Effekt erst nach rund 45 Minuten eintritt. In dieser Zeit kühlen aber bestimmte Außenwandzonen (besonders der obere Fensterlaibungsbereich) sehr stark aus, so dass an diesen kalten Oberflächen nach Schließen des Fensters eine besonders große Gefahr der Tauwasserbildung besteht.

Wirkung der natürlichen Lüftung	Lüftungsart Fensterstellung	Ungefähre Dauer der Lüftung, um einen Luftwechsel zu erzielen – je nach Windstärke
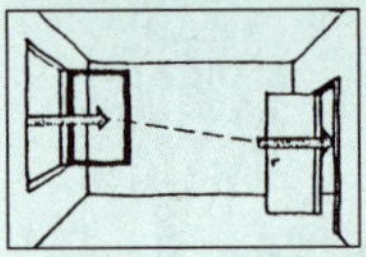	Fenster und gegenüberliegende Tür/Fenster ganz offen **– Querlüftung –**	1 bis 5 Minuten
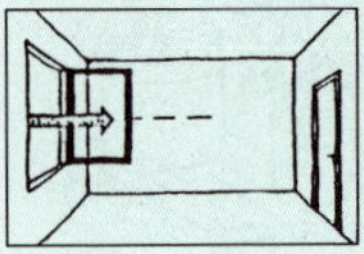	Fenster ganz offen **– Stoßlüftung –**	5 bis 10 Minuten
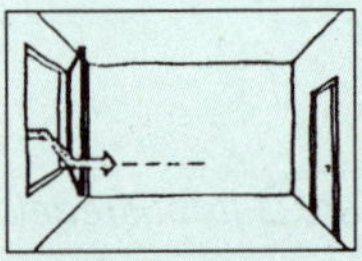	Fenster halb offen	10 bis 15 Minuten
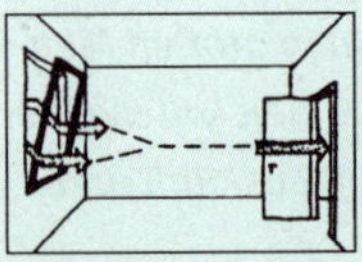	Fenster gekippt und gegenüberliegende Tür/Fenster ganz offen **– Querlüftung –**	15 bis 30 Minuten
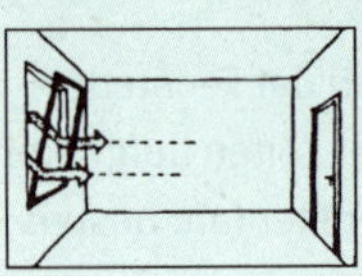	Fenster gekippt	30 bis 60 Minuten

Tabelle 5: Wirkung der natürlichen Lüftung

Mehrmals lüften

Zum Abtransport der tagtäglich in unseren Wohnungen entstehenden Feuchtigkeitsmengen sollten Sie unbedingt mehrmals täglich lüften. Und das insbesondere, wenn moderne, isolierverglaste Fenster vorhanden sind, die aufgrund ihrer umlaufenden Lippendichtungen wesentlich dichter schließen als alte Fensterkonstruktionen.

Bei Wind findet auch bei geschlossenen Fenstern im Gebäude ein gewisser Luftaustausch statt, der um so kleiner ist, je dichter die Fenster schließen. Je nach Windbelastung ermöglichen bei älteren Fenstern die undichten Fugen einen bis zu zweimaligen stündlichen Luftwechsel, während bei modernen Fenstern nur noch ein 0,3-facher oder häufig noch geringerer Luftwechsel pro Stunde festzustellen ist. Einerseits ist dies von Vorteil, denn die lästigen Zugerscheinungen im Fensterbereich können bei dichtschließenden Fenstern nicht mehr auftreten (auch wird weniger Wärmeenergie „zum Fenster hinausgeheizt"), jedoch fällt hierbei auch der meist unbemerkte Effekt der Feuchtigkeitsreduzierung durch ständigen Luftaustausch weg.

Die Feuchtigkeitsmengen, die früher über die „Fugenlüftung" abtransportiert wurden, sammeln sich heutzutage in der Wohnung an und können nur über häufigeres Lüften abtransportiert werden.

Lüften und heizen in „normalen" Wohnungen

- Erneuern Sie regelmäßig die Raumluft.
- Lüften Sie möglichst kurz (Durchzug). Lüften Sie etwa zwischen zwei und fünf Minuten. Je kälter es draußen ist, desto kürzer sollten Sie querlüften. Übrigens: Kurzes Querlüften kühlt Mauern und Möbel nicht aus. Sie merken dies selbst, denn nach kurzem Lüften ist der Raum sehr schnell wieder behaglich warm.

- Lüften Sie möglichst drei- bis viermal am Tag auf diese Weise; auch bei Nieselwetter!

- Während der Heizperiode sollten Sie keinesfalls dauerlüften, zum Beispiel durch Kippen des Fensters.

- Behindern Sie nicht die Wärmeabgabe der Heizkörper durch Möbel oder Vorhänge.

- Lassen Sie freigesetzte Dampfmengen zum Beispiel beim Kochen oder nach dem Baden und Duschen gleich raus. Im Zweifel müssen auch die Fliesen nach dem Duschen trocken gewischt werden.

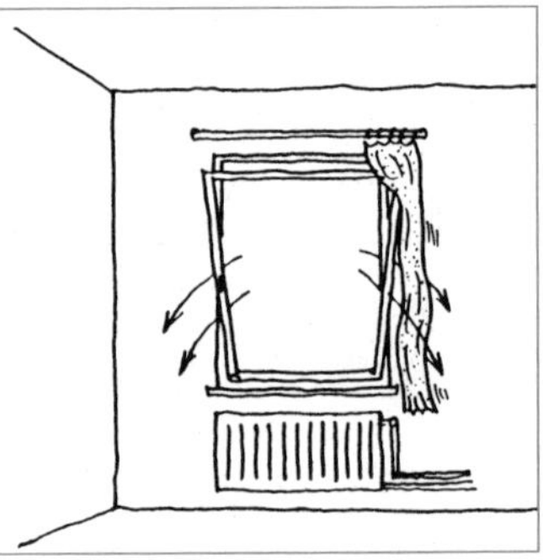

Abb. 16: Dauerlüften vermeiden

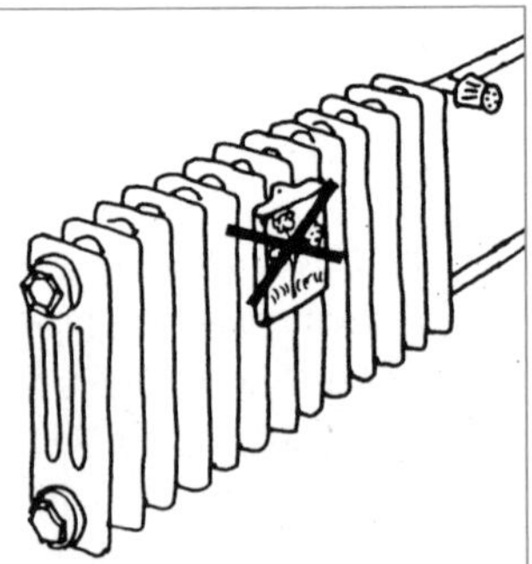

Abb. 17: Wasserverdunster überflüssig

... in feuchtebelasteten Wohnungen

- Halten Sie die Türen zu Küche und Bad, wo viel Dampf freigesetzt wird, geschlossen, damit sich die Feuchtigkeit nicht in der gesamten Wohnung verteilt.

- Verzichten Sie auf zusätzliche Luftbefeuchtung über Wasserverdunster an Heizkörpern oder über elektrische Luftbefeuchter.

- Stellen Sie Möbelstücke, insbesondere solche mit geschlossenem Sockel möglichst nicht an Außenwände. Falls Sie nicht genug Platz haben, rücken Sie die Möbel zumindest fünf Zentimeter von der Wand ab – besser sind 15 Zentimeter. Notfalls müssen Sie Lüftungsöffnungen in den Sockelleisten anbringen oder gar die Sockelleisten entfernen. Das gilt fast immer für Bettkästen in Erdgeschosswohnungen, da die Wärme in den Keller abfließt und nicht genügend Wärme aus dem Raum nachströmt. In der „kalten" Zone entsteht Tauwasser und in der Folge sehr häufig verschimmelte Matratzen.

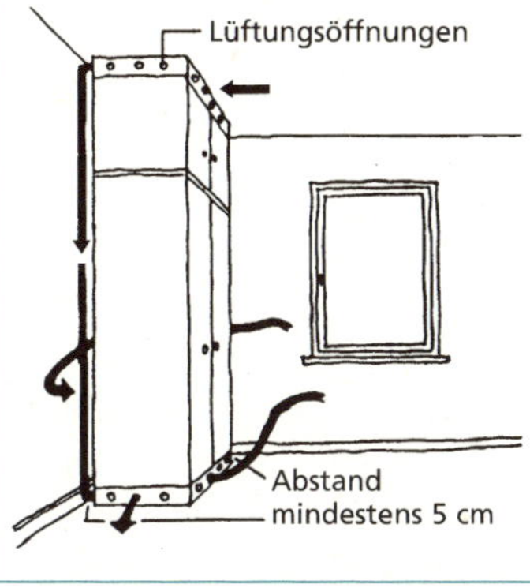

Abb. 18: Einbauschrank in Außenwandecke

- Halten Sie Türen zu weniger beheizten Räumen geschlossen, damit sich keine feuchte Luft an den dort kalten Wänden niederschlagen kann. Irrtümlicherweise lassen viele die Tür zum kalten, unbeheizten Schlafzimmer offen, um es etwas zu erwärmen, wissen aber nicht, dass sich die feuchte, warme Luft aus Wohnzimmer und Küche an den kühleren Wänden und Fenstern des Schlafzimmers kondensieren und Schäden hinterlassen kann.

- Sie dürfen „kalt“ schlafen, Sie müssen diese Räume jedoch tagsüber heizen (etwa 16 °C bis 18 °C), damit die Raumluft genügend Feuchte aufnehmen kann.

- Ehe Sie eine Wohnung mieten oder kaufen, achten Sie auf Feuchtigkeitsschäden.

- Messgeräte zur Kontrolle der relativen Luftfeuchte gibt es bereits ab acht Euro im Handel (elektronische ab 15 Euro).

- Entfeuchtungsgeräte oder Salze lösen das Feuchtigkeitsproblem nicht! Deshalb lieber die Ursachen der hohen Feuchtigkeit erforschen (lassen) und beseitigen.

- Sie können Temperaturunterschiede auch mit einem elektronischen Thermometer „innen außen“ feststellen. Der Fühler an dem Kabel wird innen auf der feuchten, kalten Wand befestigt. Bei niedrigen Außentemperaturen lässt sich so über den Temperaturunterschied hinreichend genau bestimmen, ob eine Wärmedämmung nötig ist. Dies ist in aller Regel der Fall, wenn der Unterschied 8 °C und mehr beträgt. Die Geräte können Sie im Fachhandel kaufen. Auch einige Verbraucherzentralen und Mietervereine verleihen solche Geräte.

Seit 2002 werden Infrarotthermometer ausgeliehen, mit denen die Temperaturunterschiede im Winter sehr bequem nachgewiesen werden können. Fragen Sie nach.

Beispiel: *Die isolierverglaste Scheibe beschlägt auf der Innenseite bei einer Oberflächentemperatur von 12 °C und einer relativen Feuchte von 60 Prozent.* ***Es ist Zeit zum Lüften!*** *(siehe auch Seite 96)*

Abb. 19: Temperaturmessgerät: Raumtemperatur = 20 °C; Oberflächentemperatur Innenseite Außenecke = 12 °C

4

5
Wo kommt die Feuchtigkeit her?

Wenn die Feuchtigkeit sich nicht durch anderes Heiz- und Lüftungsverhalten auf das wohngesunde Maß regulieren lässt, wenn die Feuchte auf einen Schaden oder Fehler an Bauteilen zurückzuführen ist, gibt es je nach Umfang und Herkunft des Schadens entsprechende Sanierungsmöglichkeiten. Das reicht allerdings von minimalen Reparaturen bis zu sehr aufwendigen und kostspieligen Sanierungsarbeiten. Die Spannbreite der Reparaturen erstreckt sich zum Beispiel vom Auswechseln einer gerissenen Dachpfanne bis hin zur kompletten Erneuerung der Mauerwerksabdichtung im Keller.

Regelmäßig ist die Beseitigung von Feuchtigkeitsursachen auch mit notwendiger Renovierung der jeweiligen Innenräume verbunden. Die Herkunft der Feuchtigkeit müssen Sie präzise feststellen, um dann die notwendigen Sanierungen und Reparaturen zu erwägen und die Kosten zu kalkulieren. Wer das Übel der Feuchtigkeit endgültig beseitigen möchte, sollte dieses Ziel nach Möglichkeit konsequent verfolgen.

Die Feuchtigkeit kommt ...

... aus der Luft

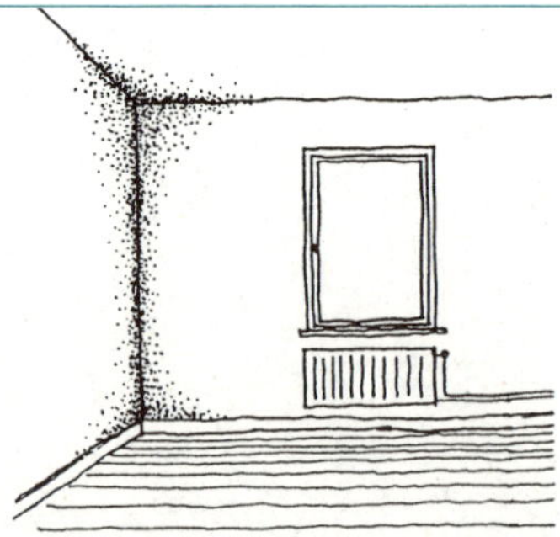

Abb. 20: Kondensatbildung

An Oberflächen, die so kalt sind, dass sie den Taupunkt (vergleiche Seite 20) unterschreiten, kondensiert die Luftfeuchtigkeit. **Ursache:** Zu hohe Wärmeableitung, zum Beispiel aufgrund von Durchfeuchtung oder ungenügender Wärmedämmung.

... aus der Erde

Über Oberflächenwasser oder Grundwasser gelangt die Feuchtigkeit ins Mauerwerk.
Ursache: Die Sperrschicht, die das Wasser abhalten soll, ist undicht, sie fehlt oder sie ist schlecht ausgebildet.

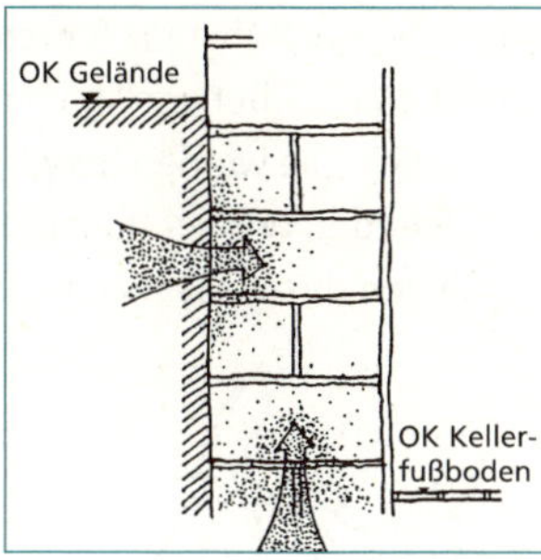

Abb. 21: Eindringende Feuchtigkeit aus dem Erdreich

... aus dem Niederschlag

In das Gebäude dringt Wasser ein und verteilt sich über verschiedene Bauteile.
Ursache: Gebäudeteile, die zum Beispiel Regen abhalten sollen, sind undicht geworden.

... aus Wasser- und Abwasserleitungen

In der Umgebung eines wasserführenden Rohres tritt zunehmend Feuchtigkeit auf.
Ursache: Undichtigkeiten (zum Beispiel feine Risse) an Rohrleitungen lassen Wasser durch.

... aus der Gebäudeherstellung

Je nach Herstellungsverfahren eines Neubaus wird in unterschiedlichen Mengen Wasser „verbaut", das in einem Zeitraum bis zu drei Jahren verdunstet und in dieser Zeit eine zusätzliche Feuchtigkeitsbelastung darstellt (zum Beispiel Ziegel etwa ein Jahr, Porenbeton, Beton, Kalksandstein cirka drei Jahre je nach Dicke der Wand und der Decke).

5

Das Wasser setzt chemische Prozesse in Gang (Gips anlösen oder Salze lösen), die zu schweren Zerstörungen der Bausubstanz führen können. Am bekanntesten sind „Ausblühungen" im Mauerwerk oder Putz über dem Erdreich. Sie werden hervorgerufen durch mit dem aufsteigenden Wasser transportierte Salze, die beim Verdunsten des Wassers an der Wandoberfläche zu Kristallen werden können und so durch die Volumenänderung Materialschichten absprengen. Diese im Wasser gelösten Stoffe sollten bei der Untersuchung der Feuchtigkeit nicht unterschätzt und deshalb im Vorfeld von anbieterunabhängigen Fachleuten (zum Beispiel Mitarbeiter unabhängiger bauphysikalischer oder bauchemischer Institute) bestimmt werden, damit die Sanierung erfolgreich durchgeführt werden kann.

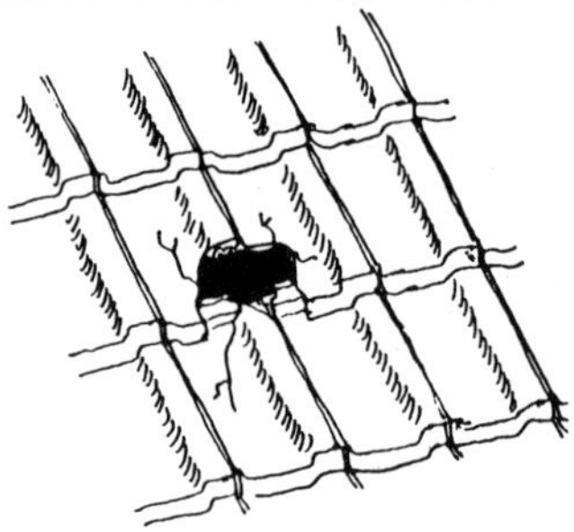

Abb. 22: Defekte Dachdeckung

Die nun folgenden Beispiele können nur eine Auswahl von einigen typischen Schadensfällen darstellen, da eine Auflistung aller Schadensbilder dicke Fachbücher füllen würde. Zum Erkennen eines speziellen Schadens und zu seiner bestmöglichen Sanierung sollten deshalb Architekten, Bausachverständige oder Handwerker hinzugezogen werden.

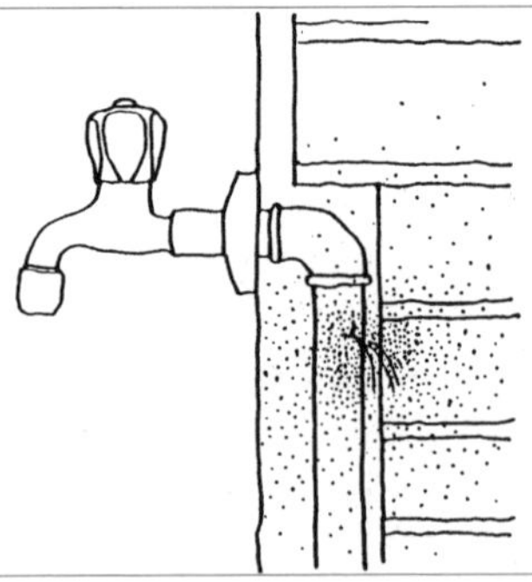

Abb. 23: Verdeckter Wasserschaden

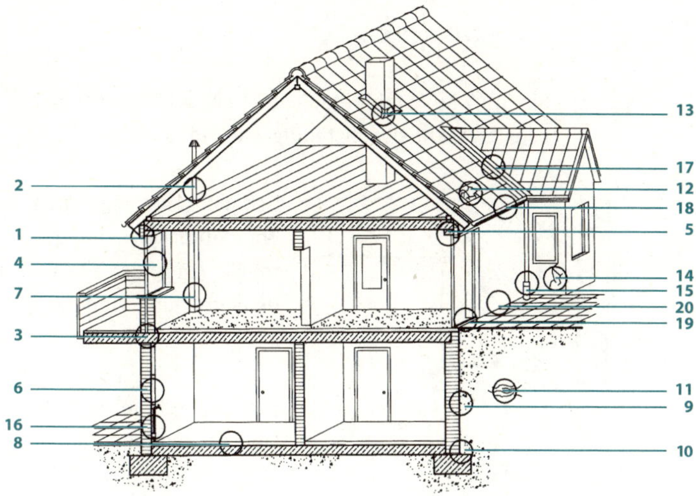

Abb. 24

5

Feuchtigkeit aus der Luft (Kondensatfeuchte):

1 Wärmebrücke Sturz
2 Wärmebrücke Gussrohr
3 Wärmebrücke Betondecke
4 Kondensat an ISO-Glas wegen zu hoher Luftfeuchtigkeit
5 zu geringe Oberflächentemperatur der Wand/Decke wegen unvollständiger Wärmedämmung
6 Tauwasser wegen fehlender Dampfbremse oder wegen Luftbewegung durch das Bauteil
7 ungedämmte Kaltwasserleitung

Feuchtigkeit aus der Erde:

8 Schaden an der horizontalen Abdichtung
9 fehlerhafte vertikale Abdichtung
10 defekte Abdichtung an der Hohlkehle
11 Grundwasseränderung

Feuchtigkeit aus dem Niederschlag:

12 Undichtigkeit in der Dachdeckung
13 defekte Anschlüsse
14 Putz oder Verfugung des Mauerwerks gerissen
15 undichtes/verstopftes Regenfallrohr

Sonstige allgemeine Schäden:

16 undichte Wasserleitungen
17 defekte Kehlen
18 defekte Regenrinnen
19 Undichtigkeiten im Fenster-/Türbereich
20 fehlender Spritzwasserschutz

Feuchtigkeit aus der Luft

1) Ein Sturz aus Stahlbeton (zum Beispiel über einem Fenster) ist nicht vollständig wärmegedämmt.

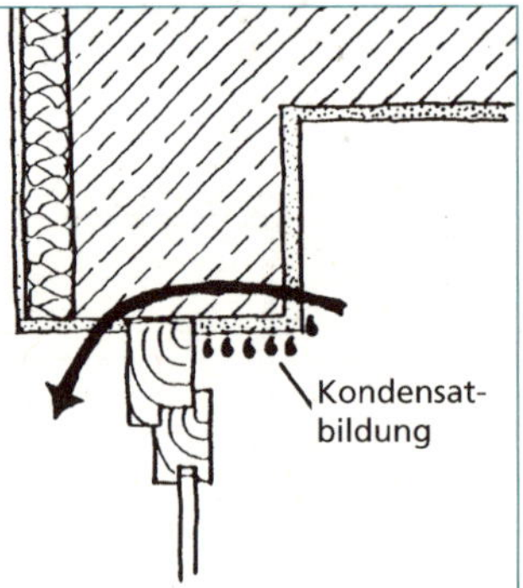

Abb. 25: Wärmebrücke am Fenstersturz

Schaden: Hier liegt eine Wärmebrücke vor mit der möglichen Folge der Kondensatbildung (Abbildung 25).

Sanierung: Erhöhung der Oberflächentemperatur durch nachträgliche Wärmedämmung des Bauteils. Die Dämmung muss in die Laibung geführt werden.

2) Ein gusseisernes Abwasserrohr führt zur Entlüftung unmittelbar über der Wohnung ins Freie.

Schaden: Wärmebrücke mit der möglichen Folge der Kondensatbildung (Abbildung 26).

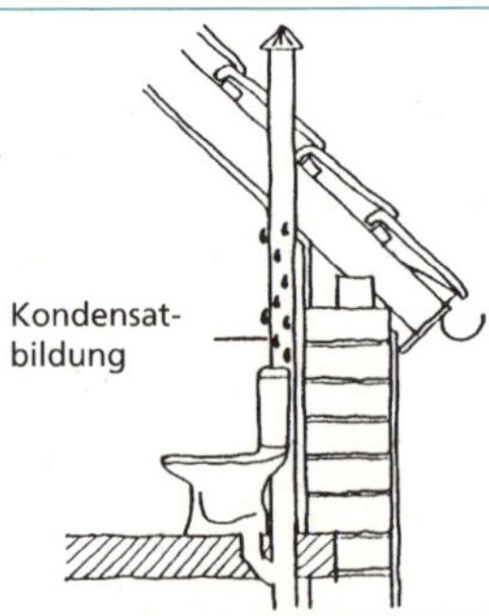

Abb. 26: Ungedämmtes Lüftungsrohr

Sanierung: Erhöhung der Oberflächentemperatur durch Wärmedämmung des Rohres.

3) Ein Balkon ist als herausragende Betonplatte ausgebildet und von keiner Seite wärmegedämmt (Abbildung 27).

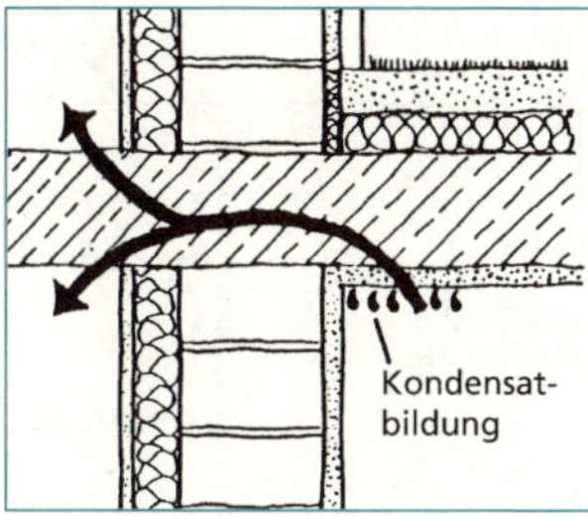

Abb. 27: Wärmebrücke an Balkonplatte

Schaden: wie **1)**

Sanierung: wie **1)**. Eventuell muss hier die Wärmedämmung auf der Innenseite vorgenommen werden.

4) Die isolierverglasten Fenster beschlagen.

Ursache: Die Luftfeuchtigkeit in der Wohnung ist so hoch, dass die niedrigere Oberflächentemperatur der Glasscheibe zu Kondensatanfall führt. Abhilfe, die wenig kostet: Die feuchte Luft ist sofort durch Querlüftung (zwei bis fünf Minuten) aus der Wohnung zu transportieren.

Gefahr: Neben der Glasscheibe gibt es unter Umständen tauwassergefährdete Bauteile, die „beschlagen", ohne dass dies zunächst bemerkt wird. Die Feuchtigkeit setzt die Wärmedämmfähigkeit der Wand herab, was zu verstärkter Durchfeuchtung führen kann.

5) In einer Wohnung ist an den Außenwänden „Thermotapete" (Tapete aus Polystyrol, 5 mm dick) verklebt.

Schaden: Oberhalb dieser Tapete zeichnet sich auf der Decke zum nicht geheizten Dachboden ein schmaler schimmelpilzbefallener Streifen ab. Die Thermotapete reduziert die Mauerwerkstemperatur an der Oberfläche um einige Grad. An der geometrischen Wärmebrücke Wand und Decke hat dies eine Absenkung der Oberflä-

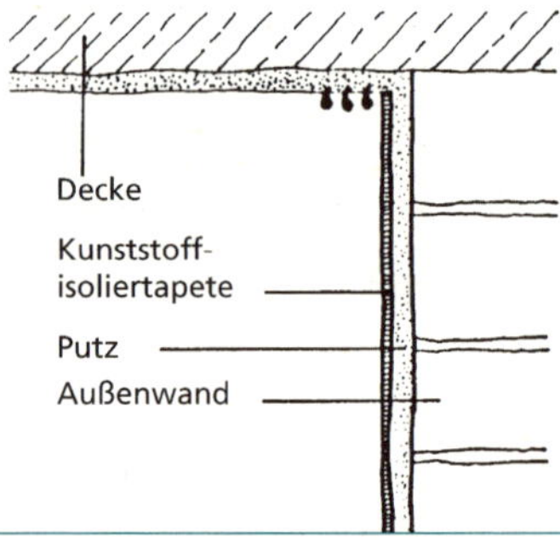

Abb. 28: Außenwand mit „Thermotapete“

chentemperatur der Decke zur Folge, so dass sich in schmalen Zonen Tauwasser niederschlagen kann (Abbildung 28).

Sanierung: Die Thermotapete muss entfernt werden, oder die geometrische Wärmebrücke beziehungsweise das Gebäude müssen zumindest im Deckenbereich wärmegedämmt werden (ab 2006 nach Energieeinsparverordnung sowieso Pflicht; auch im Bestand!).

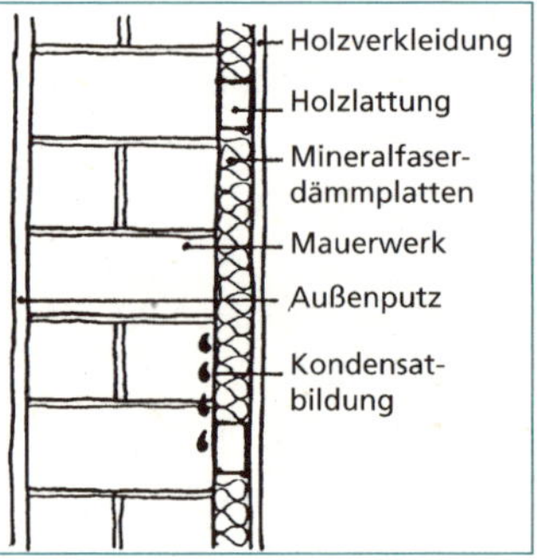

Abb. 29: Innendämmung ohne Dampfbremse

6) Eine Innendämmung der Außenwand aus zum Beispiel Holzlatten, Mineralfaserdämmung und Holzverkleidung fängt an, üble muffige Gerüche zu verbreiten. Eine Kontrolle ergibt: Hinter der Dämmung ist die Wand nass und verschimmelt.

Schaden: Da die Konstruktion ohne Dampfbremse (zum Beispiel Kunststoff-Folie oder aluminiumbeschichtete Folie) gebaut wurde, konnte Luftfeuchtigkeit aus dem Raum in die Innendämmung diffundieren und im Bereich der massiven Wandoberfläche kondensieren, da infolge der Dämmung dieser Bereich bereits sehr kalt ist. Diese ständige Durchfeuchtung führt zu Fäulnisbildung im Holz und zu Schimmelbildung im Dämmstoff und im Wandbereich.

Sanierung: Die Dämmkonstruktion ist zu erneuern sowie mit einer Dampfbremse zu versehen. Gleichzeitig ist darauf zu achten, dass die Wand insgesamt trocken ist und auch trocken bleibt (zum Beispiel durch die schlagregendichte Ausführung der Außenwand). Eine feuchte Kellerwand wird durch eine Innenverkleidung nicht trocken.

***Achtung:** Bei Innendämmmaßnahmen ist es grundsätzlich empfehlenswert, den Dampfdiffusionsverlauf nachzurechnen, da in vielen Fällen eine Dampfbremse notwendig sein wird, um Feuchteschäden zu vermeiden. Die „fehlende Dampfbremse“ ist letztlich auch Schuld, wenn zum Beispiel infolge schlechter Wärmedämmung der Außenwand sich zwischen Außenwand und einem großen Schlafzimmerschrank (hier mit der Wirkung einer Innendämmung) Kondenswasser bildet, was wiederum zur Ansiedlung von Pilzkulturen führen kann (Abbildung 30).*

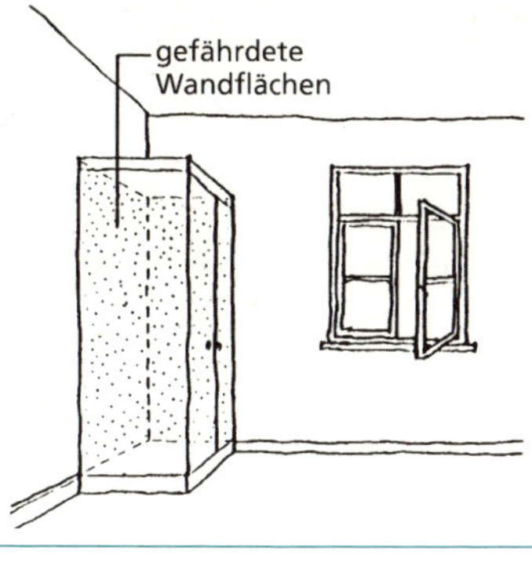

Abb. 30: Kondenswasserbildung

7) Eine Kaltwasserleitung, die als Steigleitung durch ein Badezimmer führt, ist nicht ausreichend wärmegedämmt.

Schaden: Auf der Leitung bildet sich Kondenswasser, da das kalte Wasser nicht selten auch im Sommer Temperaturen von 10 °C bis 14 °C hat. Dieses Kondenswasser führt je nachdem, wie es an die umgebenden Bauteile abgegeben wird, zu Durchfeuchtung und Schimmelbildung im Bad (Abbildung 31).

Sanierung: Die Kaltwasserleitung muss ausreichend wärmegedämmt werden.

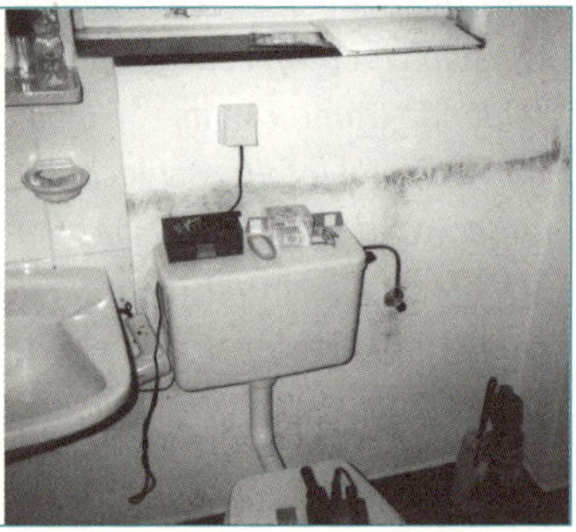

Abb. 31: Ungedämmte Wasserleitung unter dem Putz kann zur Schimmelbildung führen!

Feuchtigkeit aus der Erde

8) Die horizontale Sperrschicht ist im Laufe der Zeit undicht geworden, oder sie ist falsch verlegt worden.

Schaden: Wasser steigt je nach Feuchtigkeitsverhalten des Materials (Kapillarität) im Mauerwerk auf. An den feuchten Wandoberflächen verrotten unter anderem Putze und Holzbauteile (Abbildung 32).

Sanierung: Die Sperrschicht muss erneuert werden.

Tipp: *Ehe sie mit einer Sanierungsfirma einen Vertrag abschließen, sollten Sie immer eine neutrale Beratungsstelle fragen, ob die geplante Maßnahme sinnvoll und dauerhaft haltbar ist.*

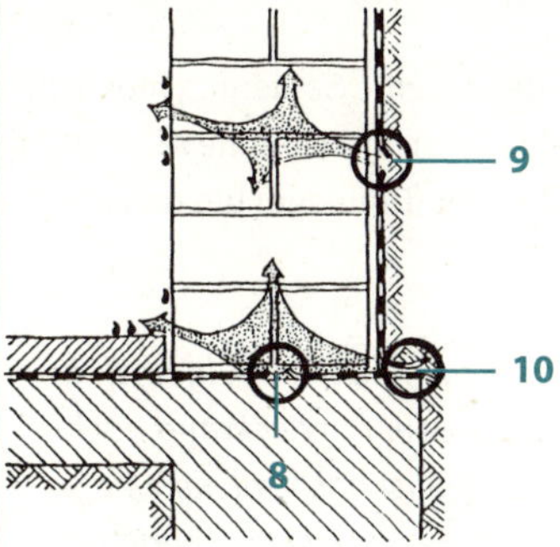

Abb. 32: Schwachstellen in der Abdichtung

9) Die vertikale oder senkrechte Sperrschicht ist veraltet oder schlecht verarbeitet.

Schaden: wie **8)**
Sanierung: wie **8)**

10) Anschlüsse zwischen Fundament und aufgehendem Mauerwerk, zum Beispiel die Hohlkehle, sind falsch ausgeführt.

Schaden: Wasser läuft zwischen den Bauteilen hindurch und breitet sich – zunächst nicht sichtbar – zwischen Estrich und Betonplatte im Keller aus.

Sanierung: Die Hohlkehle muss erneuert und abgedichtet werden.

11) Die Grundwasserstände haben sich infolge von Bauarbeiten in der Umgebung verändert, und das Gebäude ist nicht ausreichend gegen zeitweise drückendes Wasser geschützt.

Schaden: Wasser dringt ins Haus ein.

Sanierung: Unter Umständen ist eine Sanierung möglich, indem sowohl die vertikale wie die horizontale Abdichtung zusätzlich eine Wasserableitung (Drainage) um das Haus herum verlegt wird.

***Hinweis:** Dampfdichte Anstriche haben im Allgemeinen im Keller nichts zu suchen – weder auf der Wand noch auf dem Fußboden. Nicht selten ist nach solchen Maßnahmen zu beobachten, dass Feuchtigkeitsschäden, die mit dem Anstrich verdeckt werden sollten, durch den kapillaren Transport von Feuchtigkeit auf umgebende, vorher nicht geschädigte Bauteile übergreifen.*

Feuchtigkeit aus dem Niederschlag

12) In der Dachdeckung hat im Bereich der Traufe (da, wo die Regenrinne liegt) ein Dachziegel einen Riss.

Schaden: Bei Regenfällen sickert das ablaufende Wasser durch den Riss in das darunter liegende Mauerwerk (Abbildung 33) und führt zur Durchfeuchtung, die unter Umständen lange unsichtbar bleibt und erst registriert wird, weil sich zum Beispiel zwischen Wand und aufgehängtem Bild eine Schimmelpilzkultur angesiedelt hat.

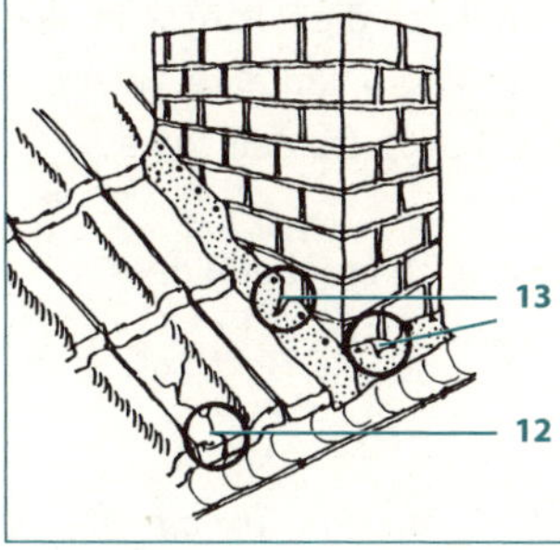

Abb. 33: Defekte Dachabschlüsse

Sanierung: Die gerissene Dachpfanne muss ausgewechselt werden.

13) Ein Anschluss zwischen Dach und Mauerwerk (zum Beispiel Schornstein) ist undicht, weil zum Beispiel das Zinkblech infolge Korrosion zerstört ist.

Schaden: Das am Mauerwerk ablaufende Regenwasser kann an der undichten Stelle ins Gebäude gelangen und für Durchfeuchtungsschäden sorgen.

Sanierung: Der Anschluss muss erneuert werden.

14) Feine Risse im Putz unter einem aufgeplatzten Anstrich auf der Wetterseite eines Hauses.

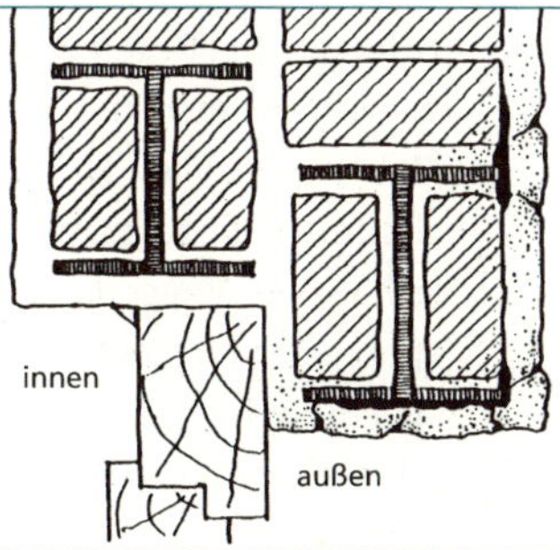

Abb. 34: Aufrosten eines Stahlträgers am Fenstersturz

5

Schaden: Der Schlagregen kann durch die Putzrisse in das Mauerwerk eindringen und je nach Kapillarität des Mauerwerks für erhebliche Durchfeuchtungsschäden sorgen.

Sanierung: Die „Außenhaut" ist so zu erneuern, dass Schlagregendichtigkeit gewährleistet ist.

Hinweis: *Ein typischer Schaden in diesem Zusammenhang ist das Aufrosten von Stahlträgern und Stählen, die zum Beispiel zur Aussteifung im Mauerwerk/Fenstersturz verbaut sind. Die falsche Verarbeitung (Verbindung zwischen Putz und Metall) führt infolge der Volumenvergrößerung des Trägers durch Korrosion (Rost) immer wieder zu neuen Rissen im Putz und damit zu erneuter Durchfeuchtung. Neben der Korrosion sind auch Risse wegen der unterschiedlichen Wärmeausdehnung der Materialien bei zu geringer Überdeckung des Stahles möglich. Regel: Keine direkte Verbindung zwischen Stahl und Putz.*

15) Ein Regenfallrohr schließt im Sockelbereich an das Mauerwerk an und ist im Rohrbogen nicht sichtbar gerissen.

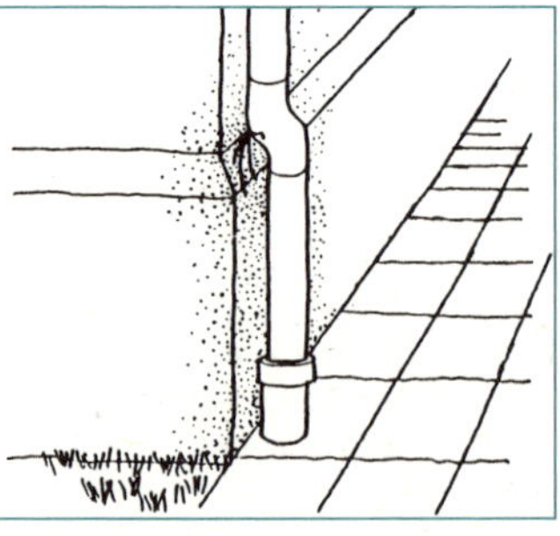

Abb. 35: Defektes Regenfallrohr

Schaden: Bei Regen dringt Wasser aus dem Riss ins Mauerwerk ein und führt zur Durchfeuchtung, die sich je nach Regendauer sporadisch einstellt. Wenn sich diese Feuchtigkeit mit der „vermuteten" aufsteigenden Feuchtigkeit aus dem Keller „mischt", wird dieser Mangel oft jahrelang nicht entdeckt (Abbildung 35).

Sanierung: Das Fallrohr ist im schadhaften Bereich zu erneuern.

Sonstige allgemeine Schäden

16) Eine stillgelegte Wasserleitung, die innerhalb der Wand liegt, und somit nicht zu sehen ist, wird undicht.

Schaden: Wasser tropft ins Mauerwerk und sorgt so für eine Durchfeuchtung. Dieser Schaden ist oft schwer zu lokalisieren, da die Feuchtigkeit infolge des Wandaufbaus an einer ganz anderen Stelle an die Oberfläche treten kann (Abbildung 36).

Sanierung: Das wasserführende Rohr ist zu entfernen oder zu erneuern.

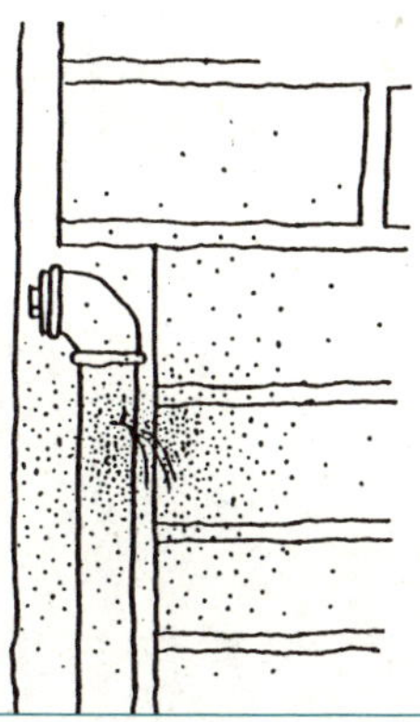

Abb. 36: Stillgelegte Wasserleitung

HEDINGER
Eur.* / USP*
Sol.
ydrogen.peroxyd.conc.
Natr:
bicarbon.

6
Kampf dem Schimmelpilz

Alle Feuchtigkeitsschäden, die wir in den vorigen Kapiteln beschrieben haben, können eine weitere unangenehme Begleiterscheinung haben: den Schimmelpilz.

Nach Angaben verschiedener Wissenschaftler sind insgesamt über 100.000 Schimmelpilzarten bekannt, wovon immerhin noch über hundert Arten im Wohnbereich vorkommen können. Sie fallen spätestens dann auf, wenn sie wegen veränderter Wachstumsbedingungen anfangen, sich zu verfärben. Die möglichen Farbtöne umfassen das Spektrum von grün, schwarz, grau, aber auch rot oder gelb. Die Schimmelpilze bilden im Wachstum eine Unzahl von Samen (je nach Art Sporen oder Konide genannt), die so klein sind, dass sie mit dem bloßen Auge nicht zu erkennen sind. Diese Sporen werden millionenfach an die Luft abgegeben und wie Staub mit der Luftbewegung transportiert. In der Verbindung von Wärme, Feuchtigkeit und Nährboden keimen sie und entwickeln sich zu neuen Pilzgeflechten, die wiederum unvorstellbar viele neue Sporen entwickeln. Bei einigen Schimmelpilzarten werden Zusammenhänge zu Erkrankungen an der Lunge sowie Allergieerkrankungen vermutet, da die Sporen über die Luft auf die Haut und in die Atemwege gelangen können.

Deswegen gelten die Regeln:

- **Der Schimmel muss sofort beseitigt werden!**
- **Das Entfernen des Pilzes allein reicht jedoch nicht aus!**
- **Die Ursache für die Feuchtigkeitserscheinung am oder im Bauteil muss erkannt und behoben werden!**

Selbst bei Verwendung schärfster Mittel gegen den Schimmelpilzbefall ist es nur eine Frage der Zeit, bis die nächste Spore an der gefährdeten Stelle zu keimen beginnt.

Auf zwei Komplexe soll in diesem Zusammenhang näher eingegangen werden:
- Mittel zur Beseitigung von Schimmelpilz
- Nährböden für Schimmelpilz

Sporen schnell beseitigen

Bekämpfungsmittel

Der Bekämpfungsvorgang von Sporen, die enorm widerstandsfähig sein können, ist unter anderem zeitabhängig. Es gibt ganz schnell wirksame Bekämpfungsmittel mit zum Beispiel Chlorwirkstoffen, die die Sporen in bis zu zehn Sekunden zerstören. Diese chemischen Mittel sind zwar hochwirksam, jedoch bei falscher Benutzung gefährlich und deshalb nicht generell zu empfehlen. Weitgehend ungefährlich sind alkoholhaltige Reinigungsmittel (80 Prozent Ethanol – Achtung Dämpfe!), Wasserstoffperoxid (fünf bis zehn Prozent) oder eine fünfprozentige Sodalösung aus der Apotheke. Diese Mittel helfen häufig im Anfangsstadium oder auch vorbeugend. Im fortgeschrittenen Stadium können hochprozentiger Alkohol oder eine Salmiakverdünnung dem Schimmel zu Leibe rücken.

Achtung: *Lesen Sie die Gebrauchsanleitungen genau durch, achten Sie auf die Sicherheitshinweise und reinigen Sie nach der Behandlung die Oberfläche gründlich mit klarem Wasser nach – vor allem bei chlorhaltigen Mitteln. Da die Sporen und die Stoffwechselprodukte von Schimmelpilzen gesundheitsschädigend sein können, die Bekämpfungsmittel andererseits ebenfalls mit ihrer Wirkung auch für Menschen Risiken bergen (nachzulesen* *in der Gebrauchsanweisung), kann die Entscheidung für die Bekämpfungsmethode dem einzelnen Betroffenen nicht abgenommen werden. Falls Sie eine fortschreitende Feuchtigkeitsbildung zunächst nicht verhindern können, so ist es sinnvoller, einen Schimmelpilzvernichter (Gebrauchsanleitung genau beachten!) anzuwenden. Sonst setzen Sie sich der fortdauernden Vermehrung der gesundheitsgefährdenden Pilzsporen aus.*

Neuer Befall

Ist der Befall erst relativ neu, so reicht das oberflächliche Behandeln mit handelsüblichen „Antischimmelmitteln".

Alter Befall

Ist der Befall älter, so sind die Pilze auf ihrer Nahrungssuche bereits in das Material eingedrungen und haben begonnen, Anstrich, Tapete und – seltener – Putz zu zerstören. Mit dem oberflächlichen Behandeln ist keine dauerhafte Abhilfe mehr zu schaffen. Die Einschätzung der erforderlichen Sanierungsmaßnahmen sollte einem Sachverständigen und deren Durchführung einem erfahrenen Fachbetrieb überlassen werden. Die befallenen Materialien müssen entfernt werden.

Anorganische Materialien

Für die Erneuerung der befallenen Stellen sollten Sie, falls weiter mit Feuchtigkeit zu rechnen ist, anorganische Materialien verwenden. Darunter fallen unter anderem Kalkputz, Kalk- und Mineralfarbanstriche (Silicat-Innenraumfarbe zum Beispiel ist zwar etwas teurer als „Binderfarbe", dafür aber dampfdurchlässiger und anorganisch). Kleben Sie an kritische Wandbereiche möglichst keine Tapeten, da sie in der Regel neuen Nährboden für Sporen bieten. Ist dies aus raumgestalterischen Gründen jedoch unumgänglich, sollten Sie dünne Papiertapeten ohne Kunststoffzusätze nehmen.

Nährboden für Schimmelpilze

Der Nährboden für Sporen und damit Schimmelpilzkulturen besteht aus organischen Stoffen, die fast überall vorkommen, wie zum Beispiel in der Erde, im Holz, in Bestandteilen des Staubes, aber auch in Bestandteilen des Kunststoffes.

In ständig feuchten Ecken wie zum Beispiel an Duschvorhängen aus Plastik oder auf dauerelastischen Verfugungen an Duschen oder Badewannen sorgen sie dafür, dass sich die gekeimten Sporen sehr schnell verbreiten können. Selbst bei den mit pilzabtötenden (fungiziden) Substanzen ausgestatteten dauerelastischen Dichtungsmitteln ist die Verbreitung von Pilzen keine Seltenheit, weil nach wenigen Jahren der Bekämpfungseffekt nachlässt.

Die Pilzkulturen wachsen nicht nur an der Oberfläche, sondern sie durchdringen das Material, so dass es mit alleinigem „Abwischen“ nicht mehr getan ist. Für diesen speziellen Fall gibt es keine andere Empfehlung, als die

Abb. 37: Schimmelbildung in Heizkörpernische Wärmedämmung fehlt

alte Dichtung herauszuschneiden und durch eine neue Verfugung zu ersetzen.

Ein weiterer – hier wichtiger – Nährboden von gekeimten Sporen ist die Blumenerde. Wenn die Erde zu feucht gehalten wird, kommt es immer wieder zu vermehrter Schimmelbildung im Blumentopf und damit zu einer erhöhten Sporenkonzentration in der Luft.

***Tipp:** Wechseln Sie die Erde einmal im Jahr aus und gießen Sie die Pflanzen nicht zu oft.*

Da selbst anorganisch aufgebaute Wände wegen des Staubanteils in jeder Wohnung anfangen können zu schimmeln, sei an dieser Stelle nochmals darauf hingewiesen:

Feuchte Bauteile in der Wohnung sind in erster Linie Grund für Schimmelbefall.

AX-MIN THERMO HYGRO
OUT
18.3°C
24.8°C
IN
33
RH
%

7
Und was kann man tun?

Informationen und Vermittlung von Wissen über die Zusammenhänge zwischen Gebäude und Wohnverhalten sowie über Feuchtigkeit richten sich größtenteils nur an eine interessierte Fachöffentlichkeit. Dass die Feuchtigkeit in Gebäuden und Wohnräumen ein sehr schwieriges, auch von Fachleuten sehr unterschiedlich bewertetes Problem darstellt, zeigt sich nicht zuletzt in sich widersprechenden Aussagen von Gutachtern zu ein und demselben Schaden.

Für den Wohnungsnutzer beschränkt sich die Aufklärung nur in aus dem Zusammenhang gerissenen Verhaltensrichtlinien zum richtigen Heizen und Lüften, zusammengestellt in Informationsblättern, die von zahlreichen Institutionen herausgegeben werden.

Im Normalfall reicht auch ein angemessenes Beheizen und Belüften der Wohnung aus, um Feuchtigkeitsprobleme und Schimmelbildung nicht aufkommen zu lassen (Gebäudeschäden und Wärmebrücken ausgeschlossen).

Aber was sollte der Normalfall sein? Dazu gehören folgende Komponenten:

1) ausreichend große Wohnfläche pro Person, damit genügend großer Luftraum vorhanden ist, der die insgesamt produzierte Luftfeuchte auch puffern kann;

2) ausreichend hohe Wandoberflächentemperaturen, denn solange diese Temperatur nur 4 °C unter der Raumtemperatur liegt, bildet sich (von Extremfällen abgesehen) kein Kondenswasser auf der Wand. Um diese Temperaturen erreichen zu können, sind trockene und wärmegedämmte Wände, Fußböden und Decken Voraussetzung.

3) Wasserdampfaufnahmefähige Wände und Decken und Wohnungseinrichtungen. Dazu gehören offenporige, dampfdiffusionsfähige Oberflächen, durch die der Dampf nicht nur hindurchwandert, sondern in denen er auch kurzzeitig verweilen kann (Wasserdampf-Speichervermögen).

Im Klartext: *Wo soll das verkochte Wasser bleiben, wenn die Möbel ausschließlich kunststoffbeschichtet sind, die Wände mit Vinyltapeten beklebt sind, die Decke aus Beton besteht und der Fußboden mit PVC belegt ist? Die Luftfeuchtigkeit wird rasch gesättigt, kann von der Umgebung nicht weggepuffert werden und schlägt sich als Wasser auf den kälteren Wandbauteilen nieder. Um Wasser aber wieder in Luftfeuchtigkeit zurückverwandeln zu können, wird Energie benötigt – ungleich mehr Energie, als für den Ausgleich verschiedener Luftfeuchtigkeitskonzentrationen (zum Beispiel zwischen Wand und Luft) nötig ist.*

4) Ausreichend großer Luftwechsel, denn mit der verbrauchten Luft wird neben Staub und Schadstoffen (zum Beispiel Formaldehyd) auch Feuchtigkeit abtransportiert.

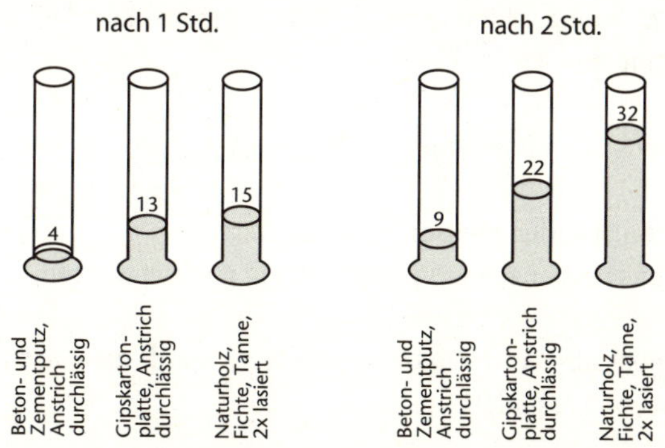

Abb. 38: Feuchtigkeitsaufnahme aus der Luft in g/m² und Zeit

Aus wohnhygienischen Gründen ist ein 0,5 – 0,8-facher Luftwechsel pro Stunde erforderlich. Bei Fenstern mit umlaufender Dichtung (Schallschutzfenster sogar mit zweifachen Dichtungen) reduziert sich der unkontrollierte Luftwechsel auf einen Wert um 0,3 (0,1 bei Schallschutz) pro Stunde.

Praktisch hieße das für den Nutzer der Wohnung, alle zwei Stunden für drei bis fünf Minuten das Fenster zu öffnen, um ausreichend Frischluftzufuhr zu bekommen.

Abb. 39: Möglichst Durchzug

Aus feuchteregulierenden Gründen ist ein Luftwechsel – größer als das 0,8-fache pro Stunde – empfehlenswert. Lüften Sie möglichst drei bis viermal am Tag Ihre Wohnung.

Bei der Betrachtung dieser vier Punkte wird deutlich, dass der Normalfall „Wohnen“ immer seltener anzutreffen ist. In der Praxis bestätigt sich, dass der Wohnungsnutzer kaum noch in der Lage ist, die Wohnung schimmelfrei zu halten, wenn er „nur“ lüftet und mehr heizt.

Daher sollten Bauherren und Wohnungsnutzer bedenken:

- Bauschäden müssen behoben werden.
- Es muss angemessen geheizt und gelüftet werden.

Es muss aber auch ein Umdenkprozess stattfinden, aus dem dann resultiert:

- Verwendung von Baustoffen, Anstrichen und Möbeln, die Feuchteaustausch und Feuchtepufferung nicht behindern.

- Angleichung der unterschiedlichen u-Werte zwischen Außenwand und Fenster durch zusätzliche Wärmedämmung – dafür gibt es auch Fördermittel!

- Bei gut wärmegedämmten und vor allem luftdichten Gebäuden: Kontrollierte mechanische Wohnungslüftung – möglichst mit Wärmerückgewinnung, damit der 0,5-fache Luftwechsel gewährleistet ist. So schreibt die Energiesparverordnung vor, dass „zu errichtende Gebäude so auszuführen seien, dass der zum Zwecke der Gesundheit und Beheizung erforderliche Mindestluftwechsel sichergestellt ist."

Kurz und knapp

Bei Feuchtigkeitsproblemen gilt: Messen der relativen Luftfeuchtigkeit mit einem elektronischen Hygrometer (Fachhandel ab 15 EURO)

Bei mehr als 60 %	*kurz Querlüften*
Bei erneut 60 %	*Lüften wiederholen*
Keine Verbesserung	*Beratung, zum Beispiel in Ihrer Verbraucherzentrale*

Fragen Sie nach einer elektronischen Langzeitmessung. Diese Geräte werden zunehmend auch von Wohnungsunternehmen, Mietervereinen oder Verbraucherzentralen ausgeliehen. So können Sie selbst nachweisen, dass Sie ausreichend geheizt und gelüftet haben, oder auch nicht.

101 **19) Prozessuales.** Miete kann im UrkProz geltd gemacht werden (BGH NJW
LG Ffm NJW-RR **00**, 1464 für Wohnraum, Kraemer WuM **00**, 515 [516]; str, s Br
NZM **00**, 1083 jew mwN).

536 ***Mietminderung bei Sach- und Rechtsmängeln.*** (1) [1] **Hat d
Überlassung an den Mieter einen Mangel, der ihre Tauglichk
Gebrauch aufhebt, oder entsteht während der Mietzeit ein solcher Mang
Zeit, in der die Tauglichkeit aufgehoben ist, von der Entrichtung der M
während der die Tauglichkeit gemindert ist, hat er nur eine angemes
entrichten. [3] Eine unerhebliche Minderung der Tauglichkeit bleibt auß**

(2) **Absatz 1 Satz 1 und 2 gilt auch, wenn eine zugesicherte Eigens
fällt.**

(3) **Wird dem Mieter der vertragsgemäße Gebrauch der Mietsache
ganz oder zum Teil entzogen, so gelten die Absätze 1 und 2 entsprec**

(4) **Bei einem Mietverhältnis über Wohnraum ist eine zum Nac
Vereinbarung unwirksam.**

1 **1) Allgemeines. – Fassung** gem Art 1 Nr 3 MietRRG (Einf 77 vor
entspr § 537 I aF, Abs II § 537 II 1 aF, Abs III § 541 aF, Abs IV § 537 III
II 2 aF. Dch Art 1 I Nr 33 a SMG wurde in Abs I S 1 der Begriff Fehler
dem hier nur der Sachmangel gemeint ist. Übbl Kraemer WuM **00**,
PachtVerh. – **a) Rechtsnatur.** Abs I u III geben dem Mieter keiner
Einwendg ggü dem Anspr auf Miete. Er mindert sich kr Gesetzes (allg
2 (Abs IV). Nur bei Wohnraum (Einf 88 vor § 535) ist § 536 zG des Mie
gen des gesetzl MindergsAnspr. Wg § 307, § 537 IV ist eine Überbür
von Wohnraum nicht gestattet (BGH **118**, 194). Für Gewerberaum ist
dadch die SachGef vollständ auf den Mieter übergeht (Naumbg NJW
Ausschließg od Beschrkg der Aufrechng nach Maßg des § 556 b II un
(§ 581 II) kann § 536 auch dch FormularVertr abbedungen werden
wenn Anspr gem § 812 verbleibt (KG NJW-RR **02**, 948), auch über
343). Bei Vermietg von Gaststätte verstößt vollstd Abwälzg des R
§ 307 II Nr 1 u 2 (BGH NJW **88**, 2664, ...

8

Wer hat Schuld – Mieter oder Vermieter?

Anspruchsgrundlagen

So vielfältig die Schadensbilder durch Feuchtigkeit sind, so erbittert wird häufig zwischen Vermietern und Mietern darum gestritten, wer die Feuchtigkeitsbildungen in der Wohnung zu vertreten hat. Die Auseinandersetzungen beginnen meist damit, dass der Mieter dem Vermieter schriftlich die aufgetretenen Mängel mitteilt, wozu er nach § 536 Bürgerliches Gesetzbuch (BGB) auch verpflichtet ist.

In der Fachwelt geht man davon aus, dass etwa 20 bis 25 Prozent der Feuchtigkeitsschäden auf Baumängel beziehungsweise Bauschäden zurückzuführen sind, etwa derselbe Prozentsatz einem fehlerhaften Nutzerverhalten zuzuordnen ist und bei 45 bis 55 Prozent beide Ursachen eine Rolle spielen, das heißt sowohl Mängel in der Bausubstanz als auch ein fehlerhaftes Nutzerverhalten. Zunächst werden die unstreitigen Ansprüche aufgelistet, danach ausführlicher die strittigen Fallgruppen beschrieben.

Ansprüche des Mieters

Der Mieter hat Anspruch auf eine mangelfreie Wohnung (§ 535 Abs. 1 S. 2 BGB). Er kann verlangen, dass die aufgetretenen Schäden vom Vermieter behoben werden. Etwas anderes gilt allerdings, wenn der Mieter einen mangelhaften Zustand der Mietsache als vertragsgemäß anerkannt und dafür als Ausgleich eine niedrigere Miete vereinbart hat. Ansonsten sind folgende Ansprüche des Mieters denkbar, die an einem Fall aufgezeigt werden sollen:

Beispiel: *Bei starken Regenfällen dringt Wasser in die Dachwohnung. Der darunter wohnende Mieter bemerkt* *plötzlich einen großen Feuchtigkeitsfleck an seiner Wohnzimmerdecke. Es stellt sich heraus, dass sich bei Sturm ein Ziegel gelöst hatte und vom Dach gefallen war.*

Der Vermieter muss auf seine Kosten den Mangel beseitigen lassen. Der „Erfüllungsanspruch des Mieters" erstreckt sich auch auf optische Mängel, es müssen also ebenso die notwendigen Schönheitsreparaturen vorgenommen werden. Als Mieter sollten Sie bei dem oben genannten Beispiel dem Vermieter etwa eine Woche Frist setzten, diesen Mangel zu beheben.

Mietminderung (§ 536 BGB): Je nach Umfang der Beeinträchtigung kann der Mieter eine angemessene Mietminderung vornehmen. Allerdings muss der Mangel erheblich sein. Solange sich nur ein kleinerer Fleck zeigt, dürfte es sich um einen unerheblichen Mangel handeln. Sind aber beispielsweise größere Teile der Decke im Wohnzimmer feucht und riecht es bereits muffig, kann durchaus eine Mietminderung von etwa zehn Prozent begründet sein. Sind mehrere Räume befallen, steigt entsprechend der Minderungssatz. Je nach Schadensumfang bei der konkret gegebenen Situation finden sich in der Rechtsprechung Minderungssätze zwischen fünf und 80 Prozent.

Schadensersatzansprüche (§ 536 a BGB): Neben dem Erfüllungsanspruch und der Mietminderung kann der Mieter Schadensersatzansprüche stellen. Dies gilt etwa, wenn der Vermieter in dem genannten Beispielsfall nicht alsbald tätig wird und dadurch weiterer Schaden am Mobiliar des Mieters eintritt.

Denkbar wäre auch eine Haftung wegen einer Gesundheitsbeeinträchtigung des Mieters. Häufig finden sich in Mietverträgen haftungseinschränkende Klauseln, wonach der

Haftung des Vermieters

Vermieter nur bei Vorsatz oder grober Fahrlässigkeit haftet. Derart weitgehende Haftungsbeschränkungen hat der Bundesgerichtshof (BGH) inzwischen verworfen (BGH, Beschluss vom 24.10.2001 – VIII ARZ 1/01). Im konkreten Fall war – als der Mieter in Urlaub war – aufgrund eines Defektes am Flachdach des Hauses Wasser in die Wohnung des Mieters eingetreten. Dabei wurde Mobiliar beschädigt. Bekanntermaßen kann sich ein Mieter gegen derartige Schäden nicht über die Hausratversicherung absichern. Damit, so der Bundesgerichtshof, werde jedoch der Vertragszweck des Wohnraummietvertrages gefährdet. Andererseits hätte der Vermieter die Möglichkeit, sich durch den Abschluss einer Haftpflichtversicherung vor derartigen Schäden abzusichern. Die Notwendigkeit dazu sei auch für den Vermieter erkennbar, da Schäden an Einrichtungsgegenständen des Mieters eine typische und deshalb voraussehbare Folge baulicher Mängel seien. Trifft also den Vermieter der Vorwurf leichter oder mittlerer Fahrlässigkeit, muss er für Schäden am Mobiliar des Mieters haften. Das gilt auch, wenn ihn selbst kein Verschulden trifft, sondern dem von ihm beauftragten Handwerker. Für dessen Verschulden hat er nach § 278 BGB einzustehen. Für Körper- oder Gesundheitsverletzungen haftet der Vermieter sogar für jede Fahrlässigkeit gem. § 309 Nr. 7 a BGB.

Ersatzvornahme und Notgeschäftsführung (§ 536 a Abs. 2 BGB): Es gibt die Möglichkeit für den Mieter, den Mangel selbst beseitigen zu lassen und dafür Aufwendungsersatz zu verlangen, wenn er vergeblich Fristen gesetzt hat. Dies bietet sich vor allem bei kleineren Schadensfällen an. Ist die Beseitigung des Mangels besonders dringlich, und kann der Mieter den Vermieter nicht erreichen, kommt ausnahmsweise auch die „Notgeschäftsführung“ in Betracht. Dem Mieter steht das Recht zu, den Mangel selbst zu beseitigen und die Kosten ersetzt zu bekommen.

Fristlose Kündigung: Ist es dem Mieter unzumutbar, für viele Wochen oder Monate in einer mangelhaften und feuchten Wohnung leben zu müssen, kommt eine Kündigung aus wichtigem Grund nach § 543 Abs. 1 BGB in Betracht. Darüber hinaus gibt es die Möglichkeit der fristlosen Kündigung wegen Gesundheitsgefährdung nach § 569 Abs. 1 BGB (Landgericht Düsseldorf, Urteil vom 08.10.1991, AZ 24 S 82/91). Allerdings ist es recht schwierig, den Nachweis zu führen, dass gerade aufgrund des Zustands der Wohnung die Gesundheitsgefährdung eingetreten ist (Kammergericht Berlin, Urteil vom 26.02.2004, AZ 12 U 1493/00).

Ansprüche des Vermieters

Wenn der Feuchtigkeitsschaden durch Verschulden des Mieters eingetreten ist, beispielsweise weil er einen Rohrbruch verursacht hat oder nachweislich falsch geheizt und/oder gelüftet hat, stehen dem Vermieter gegen den Mieter mehrere Rechte zu.

Schadensersatzansprüche: Der Mieter ist nach § 536 c Abs. 1 BGB verpflichtet, Mängel der Mietsache anzuzeigen, sobald sie ihm bekannt werden. Tut er das nicht, hat er seine Anzeigepflicht verletzt und muss Schadensersatz leisten. Selbst wenn der Vermieter für den Mangel einzustehen hätte, kann der Mieter seine Rechte zur Mietminderung, zum Schadensersatz und zur fristlosen Kündigung nicht ohne vorherige Mitteilung geltend machen. **Zeigen Sie den Mangel unbedingt sofort an.** Der Schadensersatzanspruch steht dem Vermieter zu, wenn er den Mangel bei rechtzeitiger Information des Mieters hätte beheben oder zumindest das Ausmaß des Schadens eingrenzen können. Der Anspruch des Vermieters setzt Verschulden des Mieters voraus. Er gilt also nur, wenn der Mieter die zugrunde liegenden Tatsachen kennt oder kennen muss. Außerdem muss gerade durch die Verletzung der Anzeigepflicht der Schaden entstanden sein. Hätte es ihn ohne Verletzung der Anzeigepflicht des Mieters gegeben, besteht keine Haftung.

Schadensersatz ist auch zu leisten bei einer „positiven Vertragsverletzung" des Mieters gemäß § 280 BGB.

Beispiel: *Der Mieter weigert sich, mehr als einmal am Tag in den Herbst- und Wintermonaten zu lüften, weil er befürchtet, dass die Wohnung zu sehr auskühlt. Dadurch kommt es zu Feuchtigkeit und Schimmelbildung.*

Anspruch auf Mietnachzahlung: Hat sich bei der Ursachenfeststellung der Feuchtigkeitsschäden herausgestellt, dass der Mangel nicht bauseitig bedingt war, sondern ausschließlich durch schuldhaft falsches Verhalten des Mieters, und hat dieser trotzdem die Miete gemindert, muss er den einbehaltenen Betrag nachzahlen (§ 535 Abs. 2 BGB).

Unterlassungsanspruch: Der Vermieter kann nach § 541 BGB verlangen, dass der Mieter sich künftig vertragsgemäß verhält, wenn er bisher nachgewiesenermaßen nicht ausreichend geheizt und gelüftet hat. Verstößt der Mieter dagegen und setzt den vertragswidrigen Gebrauch trotz Abmahnung des Vermieters fort, kann dieser auf Unterlassung klagen.

Ordentliche Kündigung: Gemäß § 573 Abs. 2 Nr. 1 BGB kann der Vermieter die Kündigung des Mietverhältnisses aussprechen, wenn der Mieter seine vertraglichen Pflichten schuldhaft „nicht unerheblich" verletzt hat. Es ist anerkannt, dass bei Verletzung der Erhaltungspflicht der Wohnung ein Kündigungsgrund gegeben sein kann. Nach herrschender Meinung muss der Mieter zunächst abgemahnt werden, sein vertragswidriges Verhalten einzustellen.

Fristlose Kündigung: Setzt der Mieter sein vertragswidriges Verhalten trotz Abmahnung des Vermieters fort, besteht auch die Möglichkeit der fristlosen Kündigung wegen Vertragsverletzung gemäß § 543 BGB.

Beispiel: *Der Mieter wird über das richtige Heizen und Lüften in der Wohnung aufgeklärt, verstößt aber dennoch gegen die Hinweise des Vermieters und gefährdet dadurch die Mietsache erheblich. Bevor es zur fristlosen Kündigung kommt, muss der Mieter unmissverständlich aufgefordert werden, Maßnahmen zu ergreifen, die zur Beseitigung des Schadens und zur Verhinderung zukünftiger Schäden erforderlich sind. Die Kündigung muss ihm nach herrschender Meinung schriftlich angedroht werden (Landgericht Hamburg, Urteil vom 29.08.1985, AZ 7 S 69/85).*

Darüber hinaus kommt auch eine fristlose Kündigung wegen Zahlungsverzugs in Betracht.

Beispiel: *Aufgrund der Feuchtigkeit in zwei Räumen meint der Mieter, zu einer Minderung von 50 Prozent berechtigt zu sein. Es sind aber nur 20 Prozent als angemessen anzusehen. Es entsteht ein Mietrückstand in Höhe von 30 Prozent nicht berechtigter Mietminderung. Sehr bald liegt ein erheblicher Zahlungsrückstand vor. Nur wenn der Mieter argumentieren kann, er habe sich in einem unvermeidbaren Rechtsirrtum befunden, kann er sich entlasten. Allerdings sollte er immer Rechtsrat einholen, ehe er eine Mietminderung vornimmt.*

Streitige Ansprüche zwischen Vermieter und Mieter

Neben den Schadensursachen, die dem Mieter beziehungsweise Vermieter zuzuordnen sind und im Wesentlichen zu unstreitigen Ansprüchen führen, gibt es problematische Feuchtigkeitsursachen, vor allem nach Durchführung von Modernisierungsarbeiten, bei Vorhandensein von Wärmebrücken sowie bei Neubaufeuchte.

Beweislastprobleme

Wer – ob Mieter oder Vermieter – Ansprüche aus vorhandenen Feuchtigkeitsbildungen stellt, muss dies grundsätzlich beweisen. Wie soll aber zum Beispiel der Mieter den fehlerhaften Gebäudezustand nachweisen, wenn kein mit den Augen sichtbarer Mangel an der Fassade zu erkennen ist, sondern lediglich innerhalb der Wohnung, und zwar meistens an den Außenwandecken? Umgekehrt fällt es dem Vermieter sehr schwer, dem Mieter ein Verschulden beim Heizen und Lüften nachzuweisen, wenn er dessen konkrete Wohngewohnheiten nicht kennt.

Die Rechtsprechung hat deswegen eine Abgrenzung nach Gefahrenbereichen entwickelt. Ist streitig, ob Feuchtigkeitsschäden ihre Ursache im Verantwortungsbereich des Vermieters oder des Mieters haben, muss der Vermieter zunächst sämtliche Ursachen ausräumen, die aus seinem Gefahrenbereich herrühren können. Erst dann, wenn ihm dieser Beweis gelungen ist, muss

Abb. 40: Schimmel in Außenwandecke. Vorhang behindert die Erwärmung der Ecke.

der Mieter beweisen, dass die Feuchtigkeitsschäden nicht aus seinem Verantwortungsbereich stammen (Bundesgerichtshof, Urteil vom 10.11.2004, AZ XII ZR 71/01).

Beispiel *(siehe auch Abbildungen 40 bis 42): Der Mieter stellt Feuchtigkeitsbildungen in den Außenwandecken des Schlafzimmers fest und mindert die Miete. Nach den oben genannten Beweislastgrundsätzen muss der Vermieter den Beweis führen, dass der Schaden nicht wegen der Beschaffenheit der Mietsache entstanden ist. Er wird – oft mit Hilfe des Sachverständigen – nachweisen, dass die zur Bauzeit geltenden Mindestwerte nach DIN 4108 eingehalten und demzufolge etwaige Feuchtigkeitsbildungen in der Wohnung von ihm nicht zu vertreten sind, sondern vom Mieter. Einer solchen Argumentation ist allerdings die herrschende Rechtsprechung (Oberlandesgericht Celle, Beschluss vom 19.07.1984, AZ 2 UH 1/84) entgegengetreten. Es wird darauf hingewiesen, die DIN-Vorschriften stellten keine Rechtsnormen dar. Sie würden lediglich allgemein anerkannte Regeln der Baukunst enthalten. Unter Umständen würden aber DIN-Vorschriften auch Regelungslücken aufweisen. Die allgemein technischen Vorschriften erfüllten ihre Funktion als Auslegungsmaßstab für eine einwandfrei erbrachte Vertragsleistung des Werkunternehmens. Demgegenüber sei Maßstab für die Beurteilung, ob ein Fehler der Mietsache vorliege, die Eignung zum vertragsgemäßen Gebrauch. Jede negative Abweichung des tatsächlichen Zustands von der Soll-Beschaffenheit der Mietsache, also jede Untauglichkeit zum Vertragszweck, stelle bereits einen Fehler dar. So könne nicht die Konstruktion des Gebäudes zur Bauzeit, sondern nur der vorhandene Zustand der Wohnung bei oder* *nach Vertragsbeginn maßgebend für die Beurteilung sein, ob die Tauglichkeit zum vertragsgemäßen Gebrauch aufgehoben oder gemindert ist.*

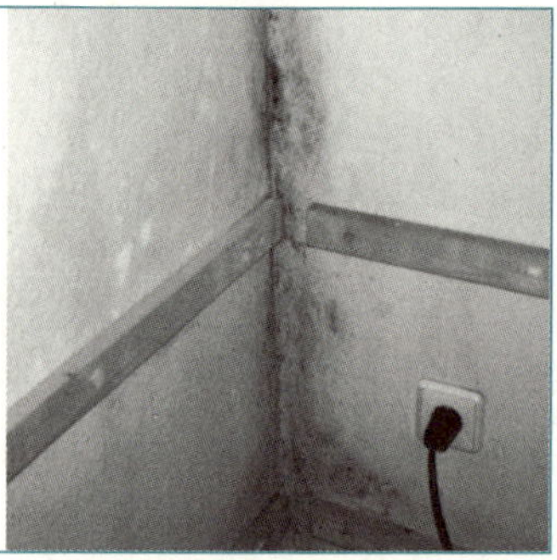

Abb. 41: Schimmelbildung sichtbar nach Abnahme der Wandverkleidung

Abb. 42: Schimmelpilze auf einer Wärmebrücke

Wie problematisch die Werte in den DIN-Vorschriften waren, zeigt sich auch daran, dass ab 2002 veränderte Werte gelten. Die Standards wurden zu Gunsten der Mieter verändert. Grundlage dafür ist die Erkenntnis, dass der Mieter zwar eine Obhutspflicht für seine Wohnung hat. Jedoch darf ihm nichts unzumutbares abverlangt werden. Dementsprechend bewegt sich die Rechtsprechung auch in dem Spannungsfeld des noch zumutbaren Wohnverhaltens und den unzumutbaren Anforderungen an das Heizen, Lüften und Möblieren.

Heizen, Lüften, Möblierung

Zu der Frage, was dem Mieter in **zumutbarer** Weise abverlangt werden kann, gibt es eine uneinheitliche Rechtsprechung. Dabei muss man berücksichtigen, dass natürlich auch die konkret zugrundeliegenden Fälle sehr unterschiedlich ausgestaltet sind. Die nachstehenden Urteile können sicher eine Orientierungshilfe geben.

Zumutbare Belüftung:
Es reicht nicht aus, wenn der Mieter die Fenster vorübergehend auf „kipp“ stellt, weil es dabei nicht zu einem ausreichenden Luftaustausch kommen kann (Amtsgericht Wolfsburg, Urteil vom 09.10.1985, AZ 10 C 163/85). Um auch alle Ecken der einzelnen Räume mit Frischluft versorgen zu können, eignet sich am besten die Stoß- oder Querlüftung (siehe Tabelle 5 auf Seite 40. Die Rechtsprechung schwankt in der Beurteilung, wie oft der Mieter lüften muss. Das Landgericht Hamburg (Urteil vom 01.12.1987, AZ 16 S 122/87) meint, einem berufstätigen Mieter sei ein mehr als zweimaliges Lüften am Tag nicht zumutbar. In einem anderen Urteil hält das Landgericht Hamburg (Urteil vom 12.06.1987, AZ 11 S 341/86) einen dreimaligen Luftaustausch, morgens, mittags und abends für vertragsgemäß. Ähnlich sieht es das Amtsgericht Köln (Urteil vom 26.10.1998, AZ 213 C 266/98), das eine zwei- bis dreimalige Lüftung für jeweils zehn Minuten als normal ansieht. Nicht mehr zumutbar ist eine Wohnungslüftung im Abstand von wenigen Stunden (Landgericht Lüneburg, Urteil vom 22.11.2000, AZ 6 S 70/00).

Soweit eine Querlüftung nicht möglich ist, weil bei kleinen Wohnungen nur zwei Fenster entweder auf der Vorder- oder Rückseite des Gebäudes vorhanden sind, muss erfahrungsgemäß länger gelüftet werden (Landgericht

Kleve, Urteil vom 09.01.2003, AZ 6 S 329/01). Dauerlüften sollte aber auf jeden Fall vermieden werden (siehe Tabelle 5 auf Seite 40).

Zumutbare Beheizung:
Normalerweise liegt die Raumtemperatur bei 20 Grad. Eine Beheizung mit 22 Grad ist nicht zumutbar (Landgericht Braunschweig, Urteil vom 11.01.1983, AZ 6 S 241/81). Dies würde eine Überheizung der Räume sowie auch einen erhöhten Energieverbrauch bedeuten. Für das Schlafzimmer hat das Amtsgricht Köln (Urteil vom 19.01.1988, AZ 208 C 147/87) entschieden, eine Raumtemperatur von 15 Grad dürfe nicht unterschritten werden. Das Landgericht Düsseldorf (in Wohnungswirtschaft und Mietrecht 92, 187) hat es als unzumutbar angesehen, wenn vom Mieter verlangt wird, in allen Räumen, also auch im Schlafzimmer, die Raumtemperaturen nicht unter 19 Grad absinken zu lassen. Hinter dieser Rechtsprechung steht der Gedanke, dass der Mieter nicht ohne weiteres verpflichtet werden kann, Feuchtigkeitsbildungen durch erhöhten Heizeinsatz auszugleichen. Das gilt auch für den Erstbezug und die damit oft verbundene Neubaufeuchte (Landgericht Nürnberg-Fürth, Urteil vom 28.08.1987, AZ 7 S 10158/86).

Zumutbare Möblierung:
Grundsätzlich darf der Mieter davon ausgehen, dass Möbel auch an den Außenwänden aufgestellt werden können, ohne dass sich negative Erscheinungen bemerkbar machen (Amtsgericht Neuss, Urteil vom 30.06.1986, AZ 30 C 303/85; Landgericht München I, Urteil vom 26.09.1990, AZ 31 S 2007/89). Meistens reicht auch der durch eine Fußleiste geschaffene Abstand zur Wand aus, um für eine ausreichende Hinterlüftung zu sorgen (Landgericht Berlin, Beschluss vom 19.05.1987, AZ 64 S 392/86; Urteil vom 14.05.1988, AZ 64 S 174/88). Es kann nicht ver-

langt werden, größere Schränke in einem Abstand von zehn bis 20 Zentimetern vor der Wand aufzustellen (Amtsgericht Bochum, Urteil vom 24.03.1983, AZ 63 C 265/82). Sollte dies ausnahmsweise doch notwendig sein, kommt ein Mietminderungsanspruch in Betracht (Langericht Hamburg, Urteil vom 26.09.1987, AZ 311 S 88/96). Ansonsten werden Mieter kaum Verständnis dafür haben, dass sie ein ausreichend großes Schlafzimmer anmieten, den Raum dann aber teilweise gar nicht nutzen können.

Sonstige Einflüsse:

Das Amtsgericht Rheine (Urteil vom 20.07.1988, AZ 3 C 431/87) hat die Auffassung vertreten, eine allzu umfangreiche Pflanzensammlung und ein Aquarium müssten aus der Wohnung entfernt werden (es handelte sich um 19 Pflanzen und ein Aquarium). Darüber hinaus gilt: Je mehr Menschen sich in einer kleinen Wohnung aufhalten, desto größer ist die Gefahr von Feuchtigkeitsbildungen.

Obhuts- und Aufklärungspflicht

Die genannten Urteile können natürlich nur eine Orientierungshilfe geben. Sie zeigen, was für eine wichtige Bedeutung die **Obhutspflicht** des Mieters für seine Wohnung hat. Es wird aber auch klar, dass der Mieter seiner Obhutspflicht nur dann in hinreichender Weise nachkommen kann, wenn ihm bewusst ist, wie er sich verhalten muss. Hier kommt der **Aufklärungspflicht** des Vermieters eine entscheidende Bedeutung zu. Er kennt die Bausubstanz, er weiß, ob Neubaufeuchte vorhanden ist, welche baulichen Veränderungen er hat durchführen lassen, wo es Wärmebrücken gibt und demzufolge feuchtigkeitsgefährdete Stellen in der Wohnung vorhanden sind.

Oft wird der Mieter überfordert sein, wenn er nicht hinreichende Aufklärung vom Vermieter bei Vertragsbeginn oder nach Veränderung der Bausubstanz, zum Beispiel durch Einbau von isolierverglasten Fenstern, erhält.

Beispiel: *Der Mieter zieht im August in eine Wohnung ein und stellt im Schlafzimmer den Kleiderschrank an den einzig geeigneten Platz, an die Außenwand. Im Dezember bemerkt er, dass die Wand hinter dem Kleiderschrank von Schimmelflecken übersät ist. Auch die Innenwand des Schrankes hat bereits gelitten. Der Vermieter kann dem Mieter nun nicht einfach mitteilen, dass er den Schrank nicht an die Außenwand hätte stellen oder ihn zumindest 15 bis 20 Zentimeter abrücken müssen, zumal der Mieter in früheren Wohnungen seine Möbel hinstellen konnte, wohin er wollte.*

In der Tat: Welcher Mieter kommt schon auf die Idee, von vornherein einen Schlafzimmerschrank von der Wand abzurücken, wenn sonst kaum noch Platz zum Durchgang zwischen Bett und Schrank verbleibt (vgl. Abb. 18 auf Seite 43)?

Auch in anderen Fällen weiß der Mieter oft nicht, wie er auf eine vorhandene problematische Bausituation, die für ihn kaum erkennbar ist, mit seinem Nutzerverhalten reagieren soll. Woher soll zum Beispiel der Mieter wissen, dass er gerade im Schlafzimmer keine langen Stores vor den Fenstern haben darf, will er Feuchtigkeitsschäden vermeiden? Wie soll der Mieter damit umgehen, wenn er ein innenliegendes Bad vorfindet, das nur mit einem minimalen Abzug versehen ist? Wo soll der Mieter seine Küchenschränke aufhängen, wenn nur die Außenwand dafür in Frage kommt oder zumindest am sinnvollsten ist?

Richtigerweise verpflichtet die Rechtsprechung in zunehmendem Maße den Vermieter zur konkreten Aufklärung über das erforderliche Nutzerverhalten (Landgericht Oldenburg, Urteil vom 07.10.1999, AZ 9 S 731/99; Landgericht Gießen, Urteil vom 12.04.2000, AZ 1 S 63/00). Besonders deutlich ist in diesem Zusammenhang die Entscheidung des Landgerichts Neubrandenburg (Urteil vom 02.04.2002, AZ 1 S 297/01) zur Veränderung der Bausubstanz, in der darauf hingewiesen wird, dass die Belehrung des Mieters nicht in allgemeiner Form, zum Beispiel anhand einer Broschüre, sondern auf die konkreten Raumverhältnisse hin zu erteilen ist:

„Gerade weil die Änderung in der Bausubstanz vom Vermieter veranlasst wird und diese Maßnahme grundsätzlich in seine Sphäre gehört, ist es seine Verpflichtung, den Mieter darauf aufmerksam zu machen, dass dieser sein bislang ausreichendes Heiz- und Lüftungsverhalten anzupassen hat. Es ist nicht Aufgabe des Mieters, nach dem Einbau dichtschließender Fenster selbst herauszufinden, durch welches Verhalten auftretenden Feuchtigkeitserscheinungen begegnet werden kann. Daher kann der Vermieter auch nicht davon ausgehen, der Mieter werde die notwendigen Anstrengungen unternehmen und selbst ermitteln, wie er sein künftiges Wohnverhalten zu gestalten habe.“ Dieselben Grundsätze müssen auch gelten, wenn der Mieter in die Wohnung einzieht und im Hinblick auf das Nutzerverhalten besondere Informationen zum Heizen, Lüften und zur Möblierung notwendig sind.

Ist die Aufklärung in hinreichender Weise erfolgt, muss der Mieter sein Wohnverhalten an die baulichen Gegebenheiten anpassen, wobei aber immer die Grenze der Zumutbarkeit zu beachten ist. Müsste also in dem obigen Beispiel der Schlafzimmerschrank tatsächlich 20 Zentimeter von der Außenwand ausgerückt werden, weil nur so Feuchtigkeit- und Schimmelbildung verhindert werden können, wäre dies für den Mieter schon wegen des Platzverlustes eine unzumutbare Verhaltensmaßnahme. Lässt er sich dennoch darauf ein, ist ihm eine Mietminderung zuzugestehen. Alternativ muss der Vermieter für eine Außen- oder Innendämmung sorgen.

Bewertende Zusammenfassung

Die vorstehenden Ausführungen belegen, wie unterschiedlich die Fallgestaltungen sein können und wie unsicher es ist, die ergangenen Urteile auf den jeweiligen streitigen Fall zu übertragen.

Ein Prozess zerstört das Vertrauensverhältnis zwischen Vermieter und Mieter. Und zieht der Mieter entnervt aus, ist nicht selten der Konflikt im nächsten Mietverhältnis schon programmiert. Deswegen empfehlen wir den Mietvertragsparteien, nachstehende Punkte besonders zu beachten:

- Zieht der Mieter in die Wohnung ein, sollten Sie als Vermieter ihn schon vor Vertragsbeginn über etwaige vorhandene Neubaufeuchte oder Schwachstellen des Bauwerks, die Ihnen im Hinblick auf Feuchtigkeitsbildungen bekannt sind, aufklären. Gleichzeitig sollten Sie konkrete Vereinbarungen zum Nutzerverhalten treffen. Die Vergabe von Merkblättern reicht nicht.

- Nehmen Sie als Vermieter im Laufe des Mietverhältnisses bauliche Veränderungen vor (zum Beispiel durch Einbau von isolierverglasten Fenstern), sollten Sie den der Mieter im Anschluss daran konkret darauf hinweisen, wie er sein Heiz- und Lüftungsverhalten zukünftig gestalten muss. Auch hierüber empfiehlt sich dringend eine vertragliche Regelung.

- Kommt es dennoch zu Feuchtigkeitsbildungen, müssen Sie als Mieter dies umgehend dem Vermieter mitteilen, um Ihrer gesetzlichen Anzeigepflicht zu genügen.

- Ist unklar, ob das Nutzerverhalten Ursache für Feuchtigkeitsbildungen ist, empfiehlt es sich dringend, Messgeräte (Datenlogger oder „Schimmelwächter“) in der Wohnung aufzustellen, die über einen längeren Zeitraum die Entwicklung der Luftfeuchtigkeit und der Temperaturen in den von Feuchtigkeit befallenen Räumen erfassen.

- Die Grenze für Anforderungen an das Heiz- und Lüftungsverhalten des Mieters bleibt immer die Zumutbarkeit. Soweit diese ausnahmsweise überschritten werden muss, weil der Mieter einen größeren Möbelabstand einhalten oder übermäßig heizen muss, sollte der Mehraufwand durch eine Mietminderung ausgeglichen werden.

- In besonders schwierigen Fällen können Sie als Vermieter eine kontrollierte Lüftungsanlage (mit Wärmerückgewinnung) einbauen lassen. Der Vorteil dieser Lösung ist, dass ein dauerhafter hygienischer Grundluftwechsel garantiert werden kann; der von Windeinflüssen und Bewohnerverhalten unabhängig ist.

9
Anhang

Tabellen

Wie hoch sind die Temperaturen (in °C) der Oberflächen von Fensterscheiben und Wänden, wenn die Innentemperatur 20 °Celsius und die Außentemperatur – 10 ° Celsius beträgt?

	bei – 10 °C	bei –10 °C Außenwandecke	bei 0 °C	bei + 10 °C
Wand 24 cm Mauerwerk Wärmedurchgangswert u-Wert (in W/m2K) 1,6	13,8	6,2	15,8	17,8
Wand 36 cm Mauerwerk: (oder Wärmeschutzverglasung) u-Wert 1,2	15,3	8,9	16,9	18,5
Wand 49 cm Mauerwerk u-Wert 0,96	16,3	10,7	17,7	18,8
Wand 24 cm Mauerwerk +4 cm Wärmedämmung u-Wert 0,61	17,6	13,7	18,4	19,2
Wand 24 cm Mauerwerk +10 cm Wärmedämmung u-Wert 0,3	18,2	15,3	18,9	19,6
Fensterscheibe einfach u-Wert 5,8	– 2,6		ca. 7	ca. 14
Fensterscheibe ISO u-Wert 3,2	7,5		ca. 12	ca. 16

Wann bildet sich Tauwasser auf der Wand/Fensterscheibe? Der Taupunkt hat als Bezugsgrößen die Temperatur und die relative Luftfeuchtigkeit.

Temperatur	Taupunkttemperatur in °C bei rel. Luftfeuchte von:								
	40 %	45 %	50 %	55 %	60 %	65 %	70 %	75 %	80 %
16	2,4	4,1	5,6	7,0	8,2	9,4	10,5	11,6	12,6
18	4,2	5,9	7,4	8,8	10,1	11,3	12,5	13,5	14,5
20	6,0	7,7	9,3	10,7	12,0	13,2	14,4	15,4	16,4
21	6,9	8,6	10,2	11,6	12,9	14,2	15,3	16,4	17,4
22	7,8	9,5	11,1	12,5	13,9	15,1	16,3	17,4	18,4
24	9,6	11,3	12,9	14,4	15,8	17,0	18,2	19,3	20,3

nach DIN 4108

Stichwortverzeichnis

9

Verbraucherzentralen:

Verbraucherzentrale Baden-Württemberg e. V.
Paulinenstraße 47
70178 Stuttgart
Tel. (07 11) 66 91-10
Fax (07 11) 66 91-50
E-Mail: info@verbraucherzentrale-bawue.de

Verbraucherzentrale Bayern e. V.
Mozartstraße 9
80336 München
Tel. (089) 539 87-0
Fax (089) 53 75 53
E-Mail: info@verbraucherzentrale-bayern.de

Verbraucherzentrale Berlin e. V.
Bayreuther Straße 40
10787 Berlin
Tel. (030) 214 85-0
Fax (030) 211 72 01
Termine Tel. (030) 214 85-260
E-Mail: mail@verbraucherzentrale-berlin.de

Verbraucherzentrale Brandenburg e. V.
Templiner Straße 21
14473 Potsdam
Tel. (03 31) 298 71-0
Fax (03 31) 298 71-77
E-Mail: info@vzb.de

Verbraucherzentrale Bremen e. V.
Altenweg 4
28195 Bremen
Tel. (04 21) 16 07 77
Fax (04 21) 160 77 80
E-Mail: info@vz-hb.de

Verbraucherzentrale Hamburg e. V.
Kirchenallee 22
20099 Hamburg
Tel. (040) 248 32-0
Fax (040) 248 322 90
E-Mail: info@vzhh.de

Verbraucherzentrale Hessen e. V.
Große Friedberger Straße 13–17
60313 Frankfurt
Tel. (018 05) 97 20 10
Fax (069) 97 20 10-50
E-Mail: vzh@verbraucher.de

Neue Verbraucherzentrale in Mecklenburg und Vorpommern e. V.
Strandstraße 98
18055 Rostock
Tel. (03 81) 208 70 50
Fax (03 81) 208 70 30
E-Mail: info@nvzmv.de

Verbraucherzentrale Niedersachsen e. V.
Herrenstraße 14
30159 Hannover 1
Tel. (05 11) 911 96 01
Fax (05 11) 911 96 10
E-Mail: info@vzniedersachsen.de

Verbraucherzentrale Nordrhein-Westfalen e. V.
Mintropstraße 27
40215 Düsseldorf
Tel. (02 11) 38 09-0
Fax (02 11) 380 92 16
E-Mail: vz.nrw@vz-nrw.de

Verbraucherzentrale Rheinland-Pfalz e. V.
Ludwigstraße 6
55116 Mainz
Tel. (061 31) 28 48-0
Fax (061 31) 28 48-66
E-Mail: verbraucherzentrale-rlp@verbraucherzentrale-rlp.de

Verbraucherzentrale Saarland e. V.
Trierer Straße 22
66111 Saarbrücken
Tel. (06 81) 500 890
Fax (06 81) 588 09 22
E-Mail: vz-saar@vz-saar.de

Verbraucherzentrale Sachsen e. V.
Brühl-Center
Brühl 34-38
04109 Leipzig
Tel. (03 41) 688 80 80
Fax (03 41) 689 28 26
E-Mail: vzs@vzs.de

Verbraucherzentrale Sachsen-Anhalt e. V.
Steinbocksgasse 1
06108 Halle
Tel. (03 45) 298 03 29
Fax (03 45) 298 03 26
E-Mail: vzsa@vzsa.de

Verbraucherzentrale Schleswig-Holstein e. V.
Bergstraße 24
24103 Kiel
Tel. (04 31) 590 990
Fax (04 31) 590 99 77
E-Mail: info@verbraucherzentrale-sh.de

Verbraucherzentrale Thüringen e. V.
Eugen-Richter-Straße 45
99085 Erfurt
Tel. (03 61) 555 140
Fax (03 61) 555 14 40
E-Mail: info@vzth.de

Verbraucherzentrale Bundesverband e. V.
Markgrafenstraße 66
10969 Berlin
Tel. (030) 258 000
Fax (030) 258 00 218
E-Mail: info@vzbv.de

Ratgeber

Haben Sie noch mehr Verbraucherfragen?

Hier finden Sie eine kleine Auswahl unseres rund 70 Titel umfassenden Ratgeberprogramms. Auf Wunsch senden wir Ihnen gern eine Gesamtübersicht aller Publikationen zu. Unsere Ratgeber können Sie auch in Beratungsstellen der Verbraucherzentralen kaufen oder bei den Herausgebern (siehe Impressum) bestellen.

Regenwasser für Haus und Garten

Die Nutzung von Regenwasser im Haus wird kontrovers diskutiert. Dieser Ratgeber soll helfen, eine Regenwasseranlage richtig zu planen und zu bauen. Außerdem werden einfache und kostengünstige Maßnahmen zur Trinkwassereinsparung beschrieben.

5. Auflage 2004, 116 Seiten, 5,80 €, Bestellnummer 313

Häuser aus zweiter Hand

Dieser Ratgeber richtet sich an Interessenten, die sich ein gebrauchtes Haus kaufen, um selbst darin zu wohnen. Neben Tipps zur Bestimmung der eigenen Wohnwünsche und zur Suche finden Sie Hinweise, wie Sie Bauschäden erkennen, Preiswürdigkeit des Hauses feststellen können und richtige Verträge abschließen.

5. Auflage 2003, 134 Seiten, 7,80 €, Bestellnummer 322

Heizung und Warmwasser

Tipps und Preishinweise helfen bei der Entscheidung für moderne Heiztechnik. Der Ratgeber enthält einen vergleichenden Überblick zu den verschiedenen Energieträgern und Heizkesseln, zu den notwendigen Anlagekomponenten und Heizflächen, zu Warmwassergeräten und regenerativen Energien.

9. Auflage 2004, 114 Seiten, 5,80 €, Bestellnummer 354

Planen und bauen mit dem Architekten

Mit dem Architekten bauen – was heißt dies für den Bauherren? Sie erfahren, wie Sie einen geeigneten Architekten finden und beauftragen, welche Kosten auf Sie zukommen und wie sich die Zusammenarbeit bei Planung und Ausführung des Bauvorhabens gestaltet.

1. Auflage 2004, 192 Seiten, 9,80 €, Bestellnummer 331

Richtig bauen: Ausführung

Ob Neubau oder Aus- und Umbau – der Traum von den eigenen vier Wänden kann für Bauherren schnell zum Albtraum werden. Um Probleme von vornherein zu vermeiden, begleitet dieser Ratgeber Bauherren von der Errichtung der Baustelle über die Kontrolle der einzelnen Gewerke bis hin zur Fertigstellung.

1. Auflage 2004, 213 Seiten, 19,90 €, Bestellnummer 353

Haus und Wohnung richtig versichern

Versicherungen sind für Baufamilien, Haus- und Wohnungseigentümer und Mieter wichtig. Wir informieren Sie über alle wichtigen Versicherungen rund um Haus und Wohnung oder Baustelle.

1. Auflage 2005, 256 Seiten, 9,80 €, Bestellnummer 577